Word master

| 고 등 ... 어 원 |

KB086532

영단어 암기용 가리개

잘라서 암기에 활용하세요!

Word master

영단어 암기용 가리개

잘라서 암기에 활용하세요!

Word master

| 고등 어원 |

Word master

| 고등 어원 |

Word 고등 어원 mini
∞ master

DAY 01

in- 안에(in), 아닌(not)

□□0001 **income** ⓝ 소득, 수입
⊜ earnings

□□0002 **insight** ⓝ 통찰(력), 이해, 간파

□□0003 **independent** ⓐ 독립적인, 독립한
↔ dependent ⓐ 의존하는, ~에 좌우되는

□□0004 **investment** ⓝ 투자

□□0005 **inevitable** ⓐ 피할 수 없는, 불가피한, 필연적인
⊜ unavoidable

□□0006 **investigate** ⓥ 조사하다, 수사하다
⊜ examine, inspect

□□0007 **inherent** ⓐ 타고난, 내재하는, 고유의
⊜ innate, inborn

□□0008 **intake** ⓝ 섭취(량)
⊜ consumption ⓝ 섭취, 소비

□□0009 **incentive** ⓐ 자극하는, 격려하는 ⓝ 장려책, 동기

□□0010 **infection** ⓝ 감염, 전염(병)

□□0011 **incorrect** ⓐ 부정확한, 틀린
⊜ inaccurate
↔ correct ⓐ 정확한, 옳은

□□0012	innocent	ⓐ 무죄의, 결백한, 순진한
	↔ guilty	ⓐ 유죄의
□□0013	indoor	ⓐ 실내의
	↔ outdoor	ⓐ 실외의, 야외의
□□0014	invariable	ⓐ 불변의, 변하지 않는
	↔ variable	ⓐ 변하기 쉬운, 가변적인
□□0015	inability	ⓝ 무능, 무력, 할 수 없음
	↔ ability	ⓝ 능력
□□0016	inborn	ⓐ 타고난, 선천적인
	= inherent, innate	
□□0017	inflame	ⓥ 흥분시키다, (상황을) 악화시키다
	= provoke	ⓥ 자극하다, 흥분시키다
□□0018	immune	ⓐ 면역(성)의, 면제된, ~의 영향을 받지 않는
□□0019	impose	ⓥ 부과하다, 도입하다, 강요하다
□□0020	imbalance	ⓝ 불균형
	↔ balance	ⓝ 균형
□□0021	immoral	ⓐ 부도덕한, 비도덕적인
	↔ moral	ⓐ 도덕적인
□□0022	immortality	ⓝ 불멸(성), 영원함

□□ 0023 **illustrate** ⓥ 설명하다, 삽화를 넣다
⊜ explain ⓥ 설명하다

□□ 0024 **illegal** ⓐ 불법적인, 위법의
↔ legal ⓐ 합법적인

□□ 0025 **irrelevant** ⓐ 관련[관계] 없는, 부적절한
↔ relevant ⓐ 관련 있는, 적절한

dis- 떨어져(away), 반대의(opposite)

□□ 0026 **distance** ⓝ 거리, 간격 ⓥ 거리를 두다

□□ 0027 **disease** ⓝ 질병, 질환
⊜ illness

□□ 0028 **display** ⓥ 보여주다, 전시하다 ⓝ 전시
⊜ exhibit ⓥ 전시하다

□□ 0029 **discount** ⓝ 할인 ⓥ 할인하다, 경시하다

□□ 0030 **disappear** ⓥ 사라지다, 없어지다
↔ appear ⓥ 나타나다

dis- 떨어져(away), 반대의(opposite)

□□ 0031	discussion	ⓝ 토론, 토의, 논의
	⊜ debate, dispute	
□□ 0032	disadvantage	ⓝ 불리한 점, 약점 ⓥ 불리하게 하다
	↔ advantage	ⓝ 유리한 점, 장점
□□ 0033	dislike	ⓥ 싫어하다 ⓝ 싫어함, 혐오
	↔ like	ⓥ 좋아하다 ⓝ 좋아하는 것
□□ 0034	dismiss	ⓥ 해고하다, 해산시키다, 무시하다
	⊜ ignore	ⓥ 무시하다
	discharge	ⓥ 해산시키다
□□ 0035	disorder	ⓝ 무질서, 혼란, 장애
□□ 0036	discard	ⓥ 버리다, 폐기하다 ⓝ 버림, 포기
	⊜ abandon	ⓥ 버리다, 포기하다
□□ 0037	disguise	ⓝ 변장 ⓥ 변장하다, 위장하다
□□ 0038	disability	ⓝ 장애, 능력 없음
□□ 0039	disagree	ⓥ 동의하지 않다, 의견이 일치하지 않다
	↔ agree	ⓥ 동의하다
□□ 0040	disgust	ⓝ 혐오감, 역겨움 ⓥ 혐오감을 유발하다
□□ 0041	discomfort	ⓝ 불편(함) ⓥ 불편하게 하다
	↔ comfort	ⓝ 편안함

□□ 0042	dispose	ⓥ 버리다, 폐기하다, 배치하다
□□ 0043	dispersal	ⓝ 분산, 해산
□□ 0044	disobedient	ⓐ 말을 듣지 않는, 반항하는
	↔ obedient	ⓐ 복종하는, 순종적인
□□ 0045	differ	ⓥ 다르다, 동의하지 않다

re- 다시(again), 뒤로(back)

□□ 0046	research	ⓝ 연구 ⓥ 연구하다, 조사하다
	= study, investigate	ⓥ 연구하다
□□ 0047	record	ⓝ 기록 ⓥ 기록하다
□□ 0048	remain	ⓥ 남아 있다, 여전히 ~이다
□□ 0049	replace	ⓥ 대체하다, 대신하다, 교체하다
	= substitute	
□□ 0050	remove	ⓥ 제거하다, 옮기다, 벗다
	= eliminate	ⓥ 제거하다
□□ 0051	represent	ⓥ 나타내다, 대표하다
□□ 0052	recycle	ⓥ 재활용하다

□□ 0053 recall ⓥ 기억해 내다, 상기시키다, 회수하다
ⓝ 상기, 회수
⊜ recollect ⓥ 기억해 내다

□□ 0054 recover ⓥ 회복하다, 회복시키다, 되찾다

□□ 0055 restore ⓥ 복원[복구]하다, 회복시키다

□□ 0056 remark ⓥ (~라고) 말하다, 논평하다 ⓝ 논평, 말

□□ 0057 reproduce ⓥ 재현하다, 복제하다, 번식하다

□□ 0058 retire ⓥ 은퇴하다, 물러나다

□□ 0059 reunion ⓝ 재결합, 재회, 동창회

□□ 0060 refuge ⓝ 피난(처), 보호 시설, 쉼터
⊜ shelter ⓝ 피난처, 보금자리

DAY 03

re-	다시(again), 뒤로(back)

□□ 0061	resort	ⓥ 의지하다, 자주 가다 ⓝ 휴양지, 의지, 호소
□□ 0062	reconcile = harmonize	ⓥ 조화시키다, 화해시키다 ⓥ 조화시키다, 일치시키다
□□ 0063	rejoin	ⓥ 다시 만나다, 다시 합류하다, 재가입하다
□□ 0064	retrospect	ⓝ 회상, 회고 ⓥ 회상하다

com-	함께(with), 모두(together)

□□ 0065	company = firm	ⓝ 회사, 일행 ⓝ 회사
□□ 0066	combine = unite	ⓥ 결합하다, 결합시키다, 겸비하다
□□ 0067	complain	ⓥ 불평하다, 항의하다
□□ 0068	compose = comprise, constitute	ⓥ 구성하다, 작곡하다, (글을) 쓰다 ⓥ 구성하다
□□ 0069	compact	ⓐ 작은, 밀집한, 촘촘한 ⓥ 꽉 채우다

□□ 0070	combustion	ⓝ 연소
□□ 0071	concern	ⓝ 걱정, 관심사 ⓥ 걱정시키다, 관심을 갖다
□□ 0072	connect = associate	ⓥ 연결하다, 관련지어 생각하다 ⓥ 관련지어 생각하다
□□ 0073	concentrate ↔ distract	ⓥ 집중하다, 농축시키다 ⓥ 산만하게 하다
□□ 0074	confirm	ⓥ 확인하다, 입증하다
□□ 0075	contour	ⓝ (사물의) 윤곽, 등고선 ⓥ 윤곽을 그리다
□□ 0076	condense = concentrate	ⓥ 응축[농축]시키다, 응결되다, 요약하다
□□ 0077	collapse = fall	ⓥ 무너지다, 붕괴하다, 쓰러지다 ⓝ 붕괴 ⓝ 붕괴, 몰락
□□ 0078	collision	ⓝ 충돌, 부딪침
□□ 0079	coexist	ⓥ 공존하다
□□ 0080	correction	ⓝ 수정, 교정
□□ 0081	corrupt	ⓐ 부패한, 손상된 ⓥ 부패[타락]시키다

de-

반대의(opposite), 떨어져(away), 정말(very), 아래로(down), 아닌(not)

□□ 0082	develop	ⓥ 발달[발전]하다, 개발하다
□□ 0083	desire	ⓥ 바라다, 몹시 원하다 ⓝ 욕구, 욕망
	⊜ want	
□□ 0084	demonstrate	ⓥ 입증하다, 시연하다, 시위하다
□□ 0085	derive	ⓥ 얻다, ~에서 유래하다, 파생하다
□□ 0086	debate	ⓝ 토론, 논쟁 ⓥ 토론하다, 곰곰이 생각하다
	⊜ discussion, dispute	ⓝ 토론
□□ 0087	detect	ⓥ 발견하다, 찾아내다, 감지하다
	⊜ discover	
□□ 0088	depress	ⓥ 우울하게 만들다, (사기 등을) 떨어뜨리다
□□ 0089	depict	ⓥ 묘사하다, 그리다
	⊜ illustrate	ⓥ 생생히 보여 주다
	describe	ⓥ 설명하다, 묘사하다
□□ 0090	declare	ⓥ 선언하다, 신고하다
	⊜ announce, proclaim	

de-

반대의(opposite), 떨어져(away), 정말(very), 아래로(down), 아닌(not)

□□0091 **delicate** ⓐ 미묘한, 섬세한, 연약한
⊜subtle ⓐ 미묘한, 희미한

□□0092 **depart** ⓥ 출발하다
↔arrive ⓥ 도착하다

□□0093 **deforestation** ⓝ 삼림 벌채[파괴]
↔forestation ⓝ 조림, 식림

□□0094 **devour** ⓥ (게걸스럽게) 먹어 치우다, 삼키다
⊜swallow ⓥ 삼키다

□□0095 **decode** ⓥ (암호 등을) 해독하다, 이해하다
↔encode ⓥ 암호화하다, 부호를 입력하다

en-

안에(in), 하게 만들다(make)

□□0096 **engage** ⓥ 관계를 맺다, 약속하다, ~와 약혼하다

□□0097 **ensure** ⓥ 반드시 ~하게 하다, 보장하다

□□0098 **enable** ⓥ ~할 수 있게 하다, 가능하게 하다

□□0099 **enhance** ⓥ 향상하다, 높이다
⊜improve

□□ 0100	**encounter**	ⓥ (우연히) 만나다, 직면하다 ⓝ (우연한) 만남
	⊜ come across face	우연히 만나다 ⓥ 직면하다
□□ 0101	**endanger**	ⓥ 위험에 빠뜨리다, 위태롭게 하다
	⊜ threaten	ⓥ 위협하다
□□ 0102	**enthusiasm**	ⓝ 열광, 열정
	⊜ passion	
□□ 0103	**enrich**	ⓥ 풍요롭게 하다, 강화하다
□□ 0104	**entitle**	ⓥ 자격[권리]을 주다, 제목을 붙이다
	⊜ empower	ⓥ 권한을 주다
□□ 0105	**enlarge**	ⓥ 확대[확장]하다, 크게 하다
	⊜ expand	
	↔ diminish	ⓥ 축소하다
□□ 0106	**ensue**	ⓥ (일·결과가) 이어지다, 뒤따르다
	⊜ follow	ⓥ 이어지다, 뒤따르다
□□ 0107	**embrace**	ⓥ 받아들이다, 포옹하다
	⊜ accept	ⓥ 받아들이다
	↔ reject	ⓥ 거절하다, 거부하다
□□ 0108	**empower**	ⓥ 힘을 부여하다, 권한을 주다
	⊜ entitle	ⓥ 권한[권리]을 부여하다

□□0109 embed ⓥ (단단히) 박다, 끼워 넣다

un- 아닌(not)

□□0110 unfortunate ⓐ 불운한, 불행한, 유감스러운
= unlucky ⓐ 불운한
↔ fortunate ⓐ 운이 좋은

□□0111 unexpected ⓐ 예상치 못한, 뜻밖의

□□0112 unusual ⓐ 특이한, 흔치 않은, 색다른
= extraordinary ⓐ 비범한, 놀라운
↔ usual ⓐ 보통의, 일상적인

□□0113 unknown ⓐ 미지의, 알려지지 않은
↔ well-known ⓐ 잘 알려진

□□0114 unable ⓐ ~할 수 없는, 약한
↔ able ⓐ ~할 수 있는, 유능한

□□0115 unfamiliar ⓐ 익숙하지 않은, 낯선
↔ familiar ⓐ 익숙한, 친숙한

□□0116 unwanted ⓐ 원치 않는, 반갑지 않은

□□0117 unfair ⓐ 불공평한, 부당한
↔ fair ⓐ 공평한, 공정한

□□ 0118 **unlikely** ⓐ 있을 것 같지 않은, ~할 것 같지 않은
↔ likely ⓐ 있을 법한, ~할 것 같은

□□ 0119 **unlock** ⓥ 열다, 드러내다
↔ lock ⓥ 잠그다

□□ 0120 **unforgettable** ⓐ 잊을 수 없는
= memorable ⓐ 기억할 만한, 잊을 수 없는
↔ forgettable ⓐ 잊기 쉬운

DAY 05

un-	아닌(not)

□□0121 **unbearable** ⓐ 견딜 수 없는, 참기 어려운
⊜ intolerable
↔ bearable ⓐ 견딜 수 있는

ex-	밖으로(out)

□□0122 **explain** ⓥ 설명하다, 해명하다
⊜ illustrate

□□0123 **exchange** ⓥ 교환하다 ⓝ 교환

□□0124 **examine** ⓥ 검토하다, 검사하다, 시험하다
⊜ investigate, inspect ⓥ 조사하다, 검사하다

□□0125 **expand** ⓥ 확장하다, 확대하다
↔ contract ⓥ 줄이다, 수축시키다

□□0126 **expose** ⓥ 노출시키다, 드러내다, 폭로하다
↔ conceal ⓥ 감추다

□□0127 **exhaust** ⓥ 지치게 하다, 연소시키다, 다 써버리다

□□0128 **explicit** ⓐ 명시적인, 명백한, 솔직한
↔ implicit ⓐ 암시적인, 암묵적인

□□0129 **exotic** ⓐ 이국적인, 이색적인

□□0130 **erosion** ⓝ 침식, 부식

□□0131 **evaporate** ⓥ 증발하다, 증발시키다

□□0132 **escort** ⓥ 호위하다 ⓝ 호위대(원)

a- 매우, 정말(very), 아닌(not), ~에(on)

□□0133 **amaze** ⓥ (몹시) 놀라게 하다
= astonish, surprise

□□0134 **arise** ⓥ 발생하다, 유발되다
= happen, occur

□□0135 **ashamed** ⓐ 부끄러운, 수치스러운

□□0136 **atom** ⓝ 원자

□□0137 **alike** ⓐ 닮은, 비슷한 ⓐⓓ 매우 비슷하게, 둘 다
= similar ⓐ 비슷한

□□0138 **abroad** ⓐⓓ 외국에(서), 외국으로
= overseas

□□0139 **aboard** ⓐⓓ (배·비행기 등에) 탑승하여
ⓟ (배·비행기 등에) 탑승해 있는

□□ 0140 **arouse** ⓥ (감정 등을) 자극하다, 각성시키다

□□ 0141 **analyze** ⓥ 분석하다

□□ 0142 **anatomy** ⓝ 해부학적 구조, 해부, 인체

pro- 앞으로(forward), 앞에(front)

□□ 0143 **produce** ⓥ 만들어 내다, 생산[제조]하다 ⓝ 농산물
= manufacture ⓥ 생산하다

□□ 0144 **protect** ⓥ 보호하다, 방어하다
= defend ⓥ 방어하다

□□ 0145 **progress** ⓝ 발전, 진보 ⓥ 발전하다, 전진하다
= advancement ⓝ 발전, 진보

□□ 0146 **propose** ⓥ 제안하다, 청혼하다
= suggest ⓥ 제안하다

□□ 0147 **prospect** ⓝ 전망, 예상, 가능성
= outlook, perspective ⓝ 전망

□□ 0148 **proverb** ⓝ 속담

⊜ saying

□□ 0149 **profile** ⓝ 윤곽, 옆모습, 개요

ⓥ 개요를 작성하다

⊜ outline ⓝ 개요 ⓥ 개요를 작성하다

□□ 0150 **proactive** ⓐ 사전 예방적인, 앞서서 주도하는

pro- 앞으로(forward), 앞에(front)

□□ 0151 **purchase** ⓥ 구입하다 ⓝ 구입한 물건, 구입
⊜ buy
⊕ sell ⓥ 팔다

ad- ~에(to), ~ 쪽으로(toward)

□□ 0152 **adjust** ⓥ 조절하다, 조정하다, 적응하다

□□ 0153 **approach** ⓥ 접근하다, 다가가다 ⓝ 접근법, 접근

□□ 0154 **account** ⓝ 계좌, 계정, 설명
ⓥ 간주하다, 원인이 되다, 설명하다

□□ 0155 **accompany** ⓥ 동행하다, 동반하다, 반주하다
⊜ escort

□□ 0156 **accumulate** ⓥ 쌓이다, 모으다, 축적하다
⊜ collect

□□ 0157 **accelerate** ⓥ 가속하다, 촉진하다

□□ 0158 **abandon** ⓥ 포기하다, 버리다
⊜ discard ⓥ 버리다

□□ 0159 **assure** ⓥ 보장하다, 장담하다, 확인하다
⊜ guarantee ⓥ 보장하다, 장담하다

□□ 0160	arrogant	ⓐ 거만한, 오만한
	↔ modest, humble	ⓐ 겸손한

out-

밖으로(outside), 더 ~한(more ~ than)

□□ 0161	outcome	ⓝ 결과, 성과
	= result, consequence, effect	
□□ 0162	output	ⓝ 출력, 산출, 생산(량)
	↔ input	ⓝ 입력, 투입
□□ 0163	outstanding	ⓐ 뛰어난, 눈에 띄는, 우수한
	= excellent, prominent	
□□ 0164	outweigh	ⓥ (~보다) 더 크다, 대단하다
	= exceed	ⓥ 초과하다, 능가하다
□□ 0165	outlet	ⓝ 배출구, 직판점, 콘센트
□□ 0166	outlook	ⓝ 전망, 세계관, 관점
	= prospect	ⓝ 전망
	perspective	ⓝ 관점, 전망
□□ 0167	outbreak	ⓝ (전쟁·질병 등의) 발발, 발생

□□0168 **utmost** ⓐ 최고의, 극도의 ⓝ 최대한도
= extreme ⓐ 극도의

ab- ~로부터(from), 떨어져(away from)

□□0169 **absorb** ⓥ 빨아들이다, 흡수하다, (사람 마음을) 열중시키다

□□0170 **abundant** ⓐ 풍부한, 많은
= rich, plentiful
↔ scarce ⓐ 부족한, 드문

□□0171 **absurd** ⓐ 터무니없는, 어리석은
ⓝ 불합리, 부조리
= stupid, foolish ⓐ 어리석은

□□0172 **abnormal** ⓐ 비정상적인
↔ normal ⓐ 정상적인, 보통의

□□0173 **amend** ⓥ (법 등을) 수정[개정]하다, 고치다

□□0174 **advantage** ⓝ 유리한 점, 이점, 장점, 이익
↔ disadvantage ⓝ 불리한 점, 약점

□□0175 **advance** ⓥ 전진하다, 발전하다 ⓝ 전진, 발전
= progress

inter- 사이에(between), 서로(each other)

□□0176	interaction	ⓝ 교류, 상호 작용, 소통
□□0177	international	ⓐ 국제적인
	↔ national, domestic	ⓐ 국내의
□□0178	interpret	ⓥ 해석하다, 이해하다, 통역하다
	= translate	ⓥ 통역하다
□□0179	interfere	ⓥ 방해하다, 참견하다, 간섭하다
□□0180	interpersonal	ⓐ 대인 관계의, 사람 간의

DAY 07

inter- 사이에(between), 서로(each other)

□□0181 **interval** ⓝ (장소·시간의) 간격, 사이

□□0182 **interchange** ⓝ 교환, 분기점 ⓥ 교환하다, 교체하다

over- 넘어서(beyond), 위에(above)

□□0183 **overcome** ⓥ 극복하다, 압도하다

□□0184 **overall** ⓐ 전반적인, 전체의
⊜ entire ⓐ 전체의

□□0185 **overwhelm** ⓥ 압도하다, 어쩔 줄 모르게 만들다, 사로잡다
⊜ overpower

□□0186 **overlook** ⓥ 간과하다, 눈감아 주다
⊜ dismiss, ignore, neglect ⓥ 무시하다, 간과하다

□□0187 **overlap** ⓥ (서로) 겹치다 ⓝ 공통 부분, 겹침, 중복

□□0188 **overtake** ⓥ 따라잡다, 추월하다, 엄습하다

□□0189 **overflow** ⓥ 넘치다, (감정 등으로) 가득 차다 ⓝ 넘침, 범람

per- 완전히(completely), 두루(through)

□□0190	perfect	ⓐ 완벽한, 완전한 ⓥ 완벽하게 하다
	↔ imperfect	ⓐ 불완전한
□□0191	perform	ⓥ 수행하다, 공연하다
□□0192	perspective	ⓝ 관점, 전망, 원근법
	= view	ⓝ 시각, 관점
□□0193	permanent	ⓐ 영구적인, 영원한
	↔ temporary	ⓐ 일시적인
□□0194	persuade	ⓥ 설득하다, 납득시키다
□□0195	persist	ⓥ 고집하다, 지속하다

sub- 아래에(under), 아래로(down)

□□0196	subtle	ⓐ 미묘한, 섬세한, 희미한
	= delicate	
□□0197	suburb	ⓝ 교외, 근교
□□0198	support	ⓥ 지지하다, 지원하다 ⓝ 지원, 후원
□□0199	suppress	ⓥ 억압하다, 억누르다
□□0200	suggest	ⓥ 시사하다, 주장하다, 제안하다

□□0201 suffer ⓥ 고통받다, 시달리다, 겪다

uni- 하나(one)

□□0202 unique ⓐ 독특한, 유일한, 고유한
= unusual
↔ usual, common ⓐ 흔한

□□0203 unite ⓥ 단결하다, 연합하다, 결속시키다

□□0204 uniform ⓐ 균일한, 동일한 ⓝ 제복

□□0205 unit ⓝ (구성) 단위, 한 개, 부문

□□0206 union ⓝ 조합, 연합, 동맹
= alliance ⓝ 동맹, 연합

□□0207 unify ⓥ 통일하다, 통합하다

mis- 잘못된(bad, wrong)

□□0208 mistake ⓝ 실수 ⓥ 실수하다, 잘못 생각하다

□□0209 mislead ⓥ 오도하다, 잘못 이끌다
= misguide

□□0210 misunderstand ⓥ 오해하다, 잘못 해석하다
↔ understand ⓥ 이해하다

DAY 08

mis-	잘못된(bad, wrong)

□□0211 misery — ⓝ 불행, 고통, 비참(함)

□□0212 misguide — ⓥ 오도하다, 잘못 인식시키다
⊜ mislead

□□0213 misplace — ⓥ 제자리에 두지 않다, 잘못 두다

pre-	미리, 먼저(before, beforehand)

□□0214 predict — ⓥ 예언하다, 예측하다, 예상하다
⊜ foresee, foretell, forecast

□□0215 preview — ⓝ 시사회, 미리 보기, 시연

□□0216 predetermine — ⓥ 예정하다, 미리 결정하다

□□0217 preoccupy — ⓥ 선취하다, 사로잡히게 하다

□□0218 precaution — ⓝ 예방 조치, 조심

□□0219 premature — ⓐ 시기상조의, 조숙한, 조산의

sym-	같은(same), 함께(together)
□□0220 symbol	ⓝ 상징, 기호
□□0221 symptom	ⓝ 증상, 조짐
□□0222 symphony	ⓝ 교향곡
□□0223 syndrome	ⓝ 증후군
□□0224 synergy	ⓝ 시너지 효과, 동반 상승 효과
□□0225 synthesize	ⓥ 합성하다, 종합[통합]하다

multi-	여럿(several), 많은(many)
□□0226 multiple	ⓐ 많은, 다수의, 복합적인 ⓝ 배수
□□0227 multitask	ⓥ 멀티태스킹하다, 다중 작업을 하다
□□0228 multitude	ⓝ 다수, 일반 대중, 군중
□□0229 multipurpose	ⓐ 다목적의, 다용도의
□□0230 multicultural	ⓐ 다문화의
□□0231 multimedia	ⓐ 다중 매체의, 멀티미디어의

under-	아래에(under, below)

□□0232	underlie	ⓥ (~의) 기저를 이루다, (~의 아래에) 놓여 있다
□□0233	undermine ⊜ damage	ⓥ 약화시키다, 훼손하다, 손상하다 ⓥ 손상시키다 ⓝ 손상
□□0234	undergo ⊜ experience	ⓥ (안 좋은 일 등을) 겪다, 경험하다 ⓥ 경험하다
□□0235	undertake ⊜ launch	ⓥ 떠맡다, 착수하다, 약속하다 ⓥ 착수하다
□□0236	undergraduate	ⓐ 학부생의, 대학의 ⓝ 학부생

para-	반하는(contrary), 옆에(beside)

□□0237	paradox	ⓝ 역설, 모순
□□0238	parade	ⓝ 퍼레이드, 행진 ⓥ 행진하다
□□0239	paralyze	ⓥ 마비시키다, 무효가 되게 하다
□□0240	parasitic	ⓐ 기생하는

para- 반하는(contrary), 옆에(beside)

0241 **parallel** ⓐ 평행의, 유사한 ⓝ 상응하는 것

du- 둘(two)

0242 **dual** ⓐ 둘의, 이중의, 두 부분으로 된
= double

0243 **duet** ⓝ 이중창, 이중주

0244 **duplicate** ⓥ 복사하다, 복제하다 ⓐ 사본의 ⓝ 사본
= copy ⓥ 복사하다, 복제하다

0245 **dioxide** ⓝ 이산화물

0246 **dilemma** ⓝ 딜레마, 진퇴양난

ob- 맞서(against), 향하여(toward)

0247 **obscure** ⓐ 모호한, 무명의 ⓥ 보기 어렵게 하다
= unclear ⓐ 불분명한
↔ clear ⓐ 분명한
famous ⓐ 유명한

□□ 0248	offer	ⓥ 제공하다, 제안하다 ⓝ 제공, 제안
	⊜ provide	ⓥ 제공하다
□□ 0249	occasion	ⓝ (특정한) 경우, 기회, 행사
□□ 0250	opponent	ⓝ 상대, 적수, 반대자
	⊜ rival, enemy	

extra- 밖에(outside), 넘어서(beyond)

□□ 0251	extra	ⓐ 추가의, 여분의 ⓝ 추가되는 것
	⊜ additional	ⓐ 추가의
□□ 0252	extraordinary	ⓐ 기이한, 놀라운, 비범한
	⊜ unusual	
	↔ ordinary, usual	ⓐ 평범한
□□ 0253	extreme	ⓐ 극도의, 극단적인 ⓝ 극단
□□ 0254	extrovert	ⓝ 외향적인 사람 ⓥ 외향적으로 만들다
	↔ introvert	ⓝ 내성적인 사람

super- 위에(above), 넘어서(beyond)

□□ 0255	superior	ⓐ 우월한, 우수한, 상급의 ⓝ 선배, 상사
	↔ inferior	ⓐ 열등한

□□ 0256 **supernatural** ⓐ 초자연적인
⊖ natural ⓐ 자연의

□□ 0257 **superb** ⓐ 최고의, 최상의, 대단히 훌륭한
⊜ terrific, fantastic, excellent, outstanding

□□ 0258 **surface** ⓝ 표면, 외관 ⓥ 나타나다, 드러나다

se-	떨어져(away, apart)

□□ 0259 **separate** ⓥ 갈라놓다, 분리하다 ⓐ 떨어진, 분리된

□□ 0260 **select** ⓥ 선택하다, 고르다
⊜ choose, pick

□□ 0261 **secure** ⓐ 안전한, 안심하는
ⓥ 확보하다, 고정시키다
⊜ safe ⓐ 안전한
⊖ insecure ⓐ 불안정한, 안전하지 못한

□□ 0262 **segregation** ⓝ (인종 등에 따른) 분리, 차별

trans- 가로질러(across)

□□ 0263 **transform** ⓥ 변형하다, 변화시키다
⊜ alter ⓥ 변경하다, 바꾸다

□□ 0264 **transfer** ⓥ 옮기다, 전달하다, 갈아타다
ⓝ 이동, 환승

□□ 0265 **translate** ⓥ 번역하다, 해석하다, 바꾸다
⊜ interpret

□□ 0266 **transaction** ⓝ 거래, 처리

ante- 앞에, 전에(before)

□□ 0267 **anticipate** ⓥ 기대하다, 예상하다
⊜ expect

□□ 0268 **antique** ⓝ 골동품 ⓐ 골동품의, 매우 오래된
⊜ classic ⓐ 고전적인

□□ 0269 **ancestor** ⓝ 조상
⊜ forefather ⓝ 선조
↔ descendant ⓝ 후손

□□ 0270 **anchor** ⓝ 닻, 정신적 지주
ⓥ 닻을 내리다, 고정시키다

up- 위로(upward)

□□0271 **upcoming** ⓐ 다가오는, 곧 있을

□□0272 **update** ⓥ 업데이트하다, 최신의 것으로 하다
ⓝ 업데이트, 갱신

□□0273 **upright** ⓐ 똑바른, 수직의, 곧은 ad 똑바로

□□0274 **uphold** ⓥ 지지하다, 지탱하다
= support

dia- 가로질러(across)

□□0275 **dialogue** ⓝ 대화
= conversation

□□0276 **dialect** ⓝ 사투리, 방언

□□0277 **diabetes** ⓝ 당뇨병

□□0278 **diameter** ⓝ 지름, 직경

fore- 앞에, 미리(before)

□□ 0279 **foresee** ⓥ 예견하다, 예상하다
⊜ predict, foretell, forecast

□□ 0280 **forehead** ⓝ 이마, (물건의) 전면

□□ 0281 **forefather** ⓝ 선조, 조상
⊜ ancestor

□□ 0282 **foretell** ⓥ 예언하다, 예지하다
⊜ predict, foresee

contra- 반대의(opposite), 대항하여(against)

□□ 0283 **contrast** ⓥ 대조하다 ⓝ 대조, 대비

□□ 0284 **contrary** ⓐ 반대의, 정반대되는
ⓝ 반대의 것, 정반대
⊜ opposite

□□ 0285 **controversy** ⓝ 논란, 논쟁
⊜ argument ⓝ 논쟁

auto- 스스로(self)

☐☐0286 **automatic** ⓐ 자동적인, 무의식적인
⊜ unconscious ⓐ 무의식적인

☐☐0287 **autograph** ⓥ 사인[서명]을 하다 ⓝ 서명
⊜ signature ⓝ 서명

☐☐0288 **authenticity** ⓝ 진품[진짜]임, 진정성

intro- 안으로(inwardly)

☐☐0289 **introduction** ⓝ 입문서, 도입, 소개

☐☐0290 **introvert** ⓝ 내성[내향]적인 사람
↔ extrovert ⓝ 외향적인 사람

☐☐0291 **introspective** ⓐ 자기 성찰적인, 내성[내향]적인
⊜ introverted ⓐ 내성[내향]적인

for- 떨어져(away, apart)

☐☐0292 **foreign** ⓐ 외국의, 낯선
⊜ alien ⓐ 낯선, 외계의

☐☐ 0293 forbid ⓥ 금지하다
= ban, prohibit

☐☐ 0294 forgive ⓥ 용서하다

anti- 반대의(opposite), 대항하여(against)

☐☐ 0295 antibiotic ⓝ 항생제, 항생 물질

☐☐ 0296 antibody ⓝ 항체

☐☐ 0297 antarctic ⓝ 남극 (지방) ⓐ 남극의

by- 옆에(beside), 부수적인(secondary)

☐☐ 0298 by-product ⓝ 부산물, 부작용
= side effect ⓝ 부작용

☐☐ 0299 bypass ⓥ 우회하다, 회피하다 ⓝ 우회 도로

☐☐ 0300 bystander ⓝ 구경꾼, 방관자
= spectator

sta 서다, 세우다(stand)

0301	stable	ⓐ 안정된, 견고한, 튼튼한
	↔ unstable	ⓐ 불안정한
0302	establish	ⓥ 세우다, 설립하다, 확립하다
0303	state	ⓝ 상태, 지위, 국가 ⓥ 말하다, 진술하다
	= remark	ⓥ 진술하다, 말하다
0304	constant	ⓐ 일정한, 불변의, 끊임없는
	= steady	
0305	standard	ⓝ 기준, 표준 ⓐ 표준의, 일반적인
0306	status	ⓝ 지위, 신분, 자격, 상태
	= rank	ⓝ 지위, 계급
0307	instant	ⓐ 즉시의, 즉각의 ⓝ 순간, 찰나
	= immediate	ⓐ 즉시의, 인접한
0308	obstacle	ⓝ 장애(물), 방해(물)
	= barrier	ⓝ 장벽, 장애물
0309	install	ⓥ 설치하다, 장치하다
0310	statistics	ⓝ 통계, 통계학
0311	substance	ⓝ 물질, 본질, 핵심, 중요성
	= material	ⓝ 물질, 재료

□□ 0312	statue	ⓝ 동상, 조각상
	⊜ figure	ⓝ 조상, 초상
□□ 0313	estate	ⓝ 사유지, 재산, (정치·사회상의) 계급
	⊜ asset, property	ⓝ 재산
□□ 0314	consist	ⓥ 구성되다, 이루어지다
□□ 0315	resist	ⓥ 저항하다, 견디다
	↔ yield, surrender	ⓥ 항복하다
□□ 0316	destination	ⓝ 목적지, 행선지
□□ 0317	steady	ⓐ 꾸준한, 안정된, 한결같은
	⊜ constant	ⓐ 꾸준한
	stable	ⓐ 안정된
□□ 0318	destiny	ⓝ 운명, 운
	⊜ fate	
□□ 0319	arrest	ⓥ 체포하다, 저지하다 ⓝ 체포, 저지
□□ 0320	institute	ⓝ 연구소, 협회, 학회
		ⓥ 도입하다, 설립하다
□□ 0321	substitute	ⓥ 대체하다, 대용하다
		ⓝ 대리인, 대체물, 대용물
	⊜ replace	ⓥ 대체하다, 되돌리다
□□ 0322	constitute	ⓥ ~이 되다, 구성하다
□□ 0323	superstition	ⓝ 미신, 미신적 관습

fac(t) 행하다(do), 만들다(make)

□□0324 **factor** ⓝ 요인, 요소
⊜ element ⓝ 요소, 성분

□□0325 **facility** ⓝ 시설, 기능, 재능, 쉬움

□□0326 **manufacture** ⓥ 제조하다, 생산하다 ⓝ 제조, 생산

□□0327 **faculty** ⓝ 능력, (타고난) 재능, 학부, 교수단
⊜ ability ⓝ 능력
talent ⓝ 재능

□□0328 **effect** ⓝ 효과, 영향, 결과 ⓥ 초래하다
⊜ consequence, outcome, result ⓝ 결과
↔ cause ⓝ 원인

□□0329 **affect** ⓥ 영향을 미치다
⊜ influence ⓥ ~에 영향을 미치다 ⓝ 영향(력)

□□0330 **defect** ⓝ 결함, 결점
⊜ fault, flaw
↔ merit ⓝ 장점

DAY 12

fac(t) 행하다(do), 만들다(make)

□□ 0331	benefit	ⓥ 이익을 얻다, 이롭다 ⓝ 이익, 이득
□□ 0332	profit	ⓝ (금전적인) 이익, 수익 ⓥ 이득을 얻다
□□ 0333	figure	ⓝ 형상, 모습, 수치 ⓥ 계산하다, 그림으로 나타내다
□□ 0334	feat	ⓝ 뛰어난 재주, 위업
□□ 0335	feature	ⓝ 특징, 특집 기사, 용모 ⓥ ~의 특징을 이루다
	⊜ characteristic	ⓝ 특징, 특성
□□ 0336	defeat	ⓥ 패배시키다 ⓝ 패배, 타도
	⊜ beat	ⓥ 이기다, 두드리다
□□ 0337	satisfy	ⓥ 충족[만족]시키다
□□ 0338	qualify	ⓥ 자격을 주다, 자격을 얻다
□□ 0339	difficulty	ⓝ 어려움, 곤란
□□ 0340	efficient	ⓐ 효율적인, 능률적인, 유능한
	↔ inefficient	ⓐ 비효율적인
□□ 0341	sufficient	ⓐ 충분한
	↔ deficient	ⓐ 불충분한, 결함이 있는
	insufficient	ⓐ 불충분한

0342 fiction ⓝ 소설, 허구

0343 proficient ⓐ 능숙한, 숙련된
⊜ skillful ⓐ 능숙한, 숙달된

0344 affair ⓝ 일, 사건

vis 보다(see)

0345 vision ⓝ 시력, 시야, 시각, 비전

0346 revise ⓥ 수정하다, 개정하다
⊜ amend

0347 advise ⓥ 충고하다, 조언하다, 통지하다

0348 supervise ⓥ 감독하다, 관리하다, 지휘하다
⊜ direct ⓥ 감독하다, 지시하다

0349 view ⓥ 보다, 간주하다 ⓝ 견해, 관점, 전망

0350 review ⓝ 검토, 복습, 비평
ⓥ 재검토하다, 비평하다

0351 interview ⓝ 면접, 인터뷰
ⓥ 면접을 보다, 인터뷰하다

0352 device ⓝ 고안, 기기, 장치

□□ 0353	evidence	ⓝ 증거, 증언, 명백함
	⊜ proof	ⓝ 증거
□□ 0354	survey	ⓝ (설문) 조사, 측량 ⓥ 조사하다, 전망하다
	⊜ investigate, inspect, examine	ⓥ 조사하다
□□ 0355	witness	ⓥ 목격하다 ⓝ 목격자, 증인
	⊜ observe	ⓥ 관찰하다, 목격하다
□□ 0356	envy	ⓝ 부러움, 질투 ⓥ 부러워하다, 질투하다
	⊜ jealousy	ⓝ 질투, 시샘

tract 끌다(draw)

□□ 0357	contract	ⓝ 계약(서), 약정(서) ⓥ 계약하다, 수축하다
□□ 0358	abstract	ⓐ 추상적인, 관념적인 ⓥ 추출하다, 요약하다
	↔ concrete	ⓐ 구체적인
□□ 0359	distract	ⓥ 산만하게 하다, (주의를) 딴 데로 돌리다
□□ 0360	extract	ⓥ 뽑다, 추출하다, 발췌하다 ⓝ 추출물, 발췌

DAY 13

tract	끌다(draw)

□□0361 **trade** — ⓝ 거래, 상업, 무역 ⓥ 거래하다

□□0362 **track** — ⓥ 추적하다 ⓝ 흔적, 자국, 길
⊜ path — ⓝ 길, 통로

□□0363 **trace** — ⓥ 추적하다, 기원을 알아내다
ⓝ 자취, 흔적
⊜ track

□□0364 **treat** — ⓥ 여기다, 대우하다, 처리하다, 치료하다
ⓝ 특별한 것, 대접

□□0365 **retreat** — ⓥ 후퇴하다, 물러가다, 철회하다
ⓝ 후퇴, 철수, 도피
↔ advance — ⓥ 전진하다, 나아가게 하다 ⓝ 전진

□□0366 **trait** — ⓝ 특성, 특징
⊜ characteristic, feature

□□0367 **trail** — ⓝ 흔적, 자취, 오솔길
ⓥ 끌다, 끌리다, 추적하다

□□ 0368	portray	ⓥ 묘사하다, 표현하다, (초상화를) 그리다
	⊜ describe	ⓥ 묘사하다

vent	오다(come), 나오다(come out), 가다(go)

□□ 0369	venture	ⓥ 과감히 ~하다, 모험하다 ⓝ (사업상의) 모험, 모험적 사업
□□ 0370	event	ⓝ (중요한) 사건, 행사, 결과
□□ 0371	prevent	ⓥ 막다, 예방하다, 방지하다
□□ 0372	invent	ⓥ 발명하다, 창안하다
□□ 0373	convention	ⓝ 관습, 집회, 협의회
	⊜ tradition	ⓝ 전통, 관습
□□ 0374	intervention	ⓝ 개입, 중재, 간섭
□□ 0375	advent	ⓝ 도래, 출현
□□ 0376	souvenir	ⓝ 기념품, 선물, 추억
□□ 0377	convenient	ⓐ 편리한, 가까운
	↔ inconvenient	ⓐ 불편한

□□0378 revenue ⓝ (정부·기관의) 수익, 수입
= income

□□0379 avenue ⓝ 길, 거리, 도로

cap	잡다, 취하다(take), 머리(head)

□□0380 capable ⓐ 유능한, ~할 수 있는

□□0381 escape ⓥ 달아나다, 탈출하다, 빠져나가다
ⓝ 탈출, 도피
= flee ⓥ 달아나다, 도망하다

□□0382 capture ⓥ 포획하다, 포착하다, 사로잡다
ⓝ 포획, 포로

□□0383 receive ⓥ 받다, 수용하다
= accept

□□0384 perceive ⓥ 인식하다, 지각하다, 이해하다

□□0385 deceive ⓥ 속이다, 기만하다

□□0386 conceive ⓥ 생각하다, 상상하다, 임신하다

□□0387 participate ⓥ 참가[참여]하다, 관여하다

□□0388 chef ⓝ 주방장, 요리사

□□ 0389	chief	ⓐ 주요한, 우두머리의 ⓝ (조직의) 우두머리, 장(長)
	⊜ principal	ⓐ 주요한 ⓝ 교장, 총장
	primary	ⓐ 주요한, 제1의
□□ 0390	occupy	ⓥ 점유[점령]하다, 차지하다, 사용하다

mit 보내다(send)

□□ 0391	admit	ⓥ 인정하다, 입장[입학]을 허락하다
□□ 0392	submit	ⓥ 제출하다, 항복하다, 복종시키다
	⊜ surrender	ⓥ 항복하다, 넘겨주다
□□ 0393	transmit	ⓥ 전달하다, 전송하다, 전도하다
□□ 0394	commit	ⓥ (과오 등을) 저지르다, 약속하다, 전념하다
□□ 0395	emit	ⓥ 배출하다, 방사하다
□□ 0396	permit	ⓥ 허용하다, 허락하다 ⓝ 허가증
	⊜ allow	ⓥ 허락하다, 허용하다
□□ 0397	promise	ⓝ 약속, 장래성 ⓥ 약속하다
□□ 0398	compromise	ⓝ 타협, 화해 ⓥ 타협하다, 양보하다
□□ 0399	mission	ⓝ 사명, 임무, 전도
□□ 0400	omission	ⓝ 생략, 누락, 빠진 것
□□ 0401	messenger	ⓝ 전달자, 전령, 배달원

spec(t)	보다(look)
□□ 0402 species	ⓝ 종(種), 종류, 인류
□□ 0403 expect	ⓥ 기대하다, 예상하다, 기다리다
□□ 0404 specific	ⓐ 구체적인, 특정한
□□ 0405 aspect	ⓝ 측면, 양상, 관점
□□ 0406 specialize	ⓥ 전문적으로 하다, 전공하다
□□ 0407 suspect	ⓥ 의심하다, 혐의를 두다 ⓝ 용의자
□□ 0408 spectator = bystander	ⓝ 구경꾼, 관객, 방관자
□□ 0409 spectacular	ⓐ 장관인, 볼 만한
□□ 0410 inspect = investigate, examine	ⓥ 검사하다, 조사하다, 검열하다
□□ 0411 despite = in spite of	ⓟ ~에도 불구하고 ⓝ 무례, 경멸 ~에도 불구하고

vert　돌리다(turn), 변하다(change)

□□ 0412	convert	ⓥ 전환하다, 바꾸다, 개조하다
□□ 0413	advertise	ⓥ 광고하다, 알리다
□□ 0414	vertical	ⓐ 수직의, 세로의 ⓝ 수직선
	↔ horizontal	ⓐ 수평의, 가로의 ⓝ 수평선, 가로선
□□ 0415	diverse	ⓐ 다양한, 여러 가지의
	= various	
□□ 0416	version	ⓝ 버전, 번역(판), ~판[형태]
□□ 0417	adversity	ⓝ 역경, 불운
□□ 0418	universe	ⓝ 우주, 만물, 전 세계
□□ 0419	converse	ⓥ 대화하다 ⓐ 반대의 ⓝ 정반대, 역
□□ 0420	reverse	ⓥ 거꾸로 하다, 뒤바꾸다 ⓐ 반대의 ⓝ 반대

vert 돌리다(turn), 변하다(change)

□□ 0421 divorce ⓝ 이혼, 분리 ⓥ 이혼하다, 분리하다

pos 두다, 놓다, 넣다(put)

□□ 0422 pose ⓥ 사세를 취하다, 제기하다
ⓝ 자세, 마음가짐

□□ 0423 position ⓝ 위치, 장소, 지위 ⓥ 배치하다
⊜ location ⓝ 위치, 장소

□□ 0424 suppose ⓥ 가정하다, 생각하다, 추측하다

□□ 0425 oppose ⓥ 반대하다, 대항하다
↔ advocate ⓥ 지지하다, 옹호하다

□□ 0426 deposit ⓝ 퇴적물, 착수금, 보증금
ⓥ 예금하다, 침전시키다

□□ 0427 disposable ⓐ 처분할 수 있는, 일회용의 ⓝ 일회용품

□□ 0428 component ⓝ 구성 요소, 성분 ⓐ 구성하고 있는
⊜ element ⓝ 요소, 성분

□□ 0429 postpone ⓥ 연기하다, 미루다
⊜ delay, put off

□□0430	compound	ⓝ 화합[합성]물 ⓐ 합성의, 복합의 ⓥ 합성하다, 혼합하다

par	준비하다(prepare), 동등한(equal), 보이다(show)

□□0431	prepare	ⓥ 준비하다, 대비하다
□□0432	compare	ⓥ 비교하다, 비유하다
□□0433	apparent = obvious ↔ unclear	ⓐ 명백한, 또렷이 보이는 ⓐ 명백한 ⓐ 불분명한
□□0434	transparent ↔ opaque	ⓐ 투명한, 명백한, 명료한 ⓐ 불투명한
□□0435	apparatus = tool	ⓝ 장치, 기구, 기관 ⓝ 도구
□□0436	appear ↔ disappear vanish	ⓥ 나타나다, 출연하다, ~인 것 같다 ⓥ 사라지다, 모습을 감추다 ⓥ 사라지다, 자취를 감추다
□□0437	repair	ⓥ 수리하다, 바로잡다 ⓝ 수리, 보수
□□0438	emperor	ⓝ 황제, 제왕

mod 기준, 척도(measure), 방식(manner)

□□ 0439	mode	ⓝ 방식, 수단, 기분, 태도
□□ 0440	modern	ⓐ 현대의 ⓝ 현대인
□□ 0441	modify	ⓥ 수정하다, 조정하다, 한정하다
	= adjust	ⓥ 조정하다, 조절하다
□□ 0442	moderate	ⓐ 적정한, 온건한 ⓥ 적당하게 만들다, 완화하다
□□ 0443	modest	ⓐ 겸손한, 보통의, 적당한
	= humble	ⓐ 겸손한
	↔ immodest	ⓐ 무례한, 건방진
□□ 0444	accommodate	ⓥ 수용하다, 숙박시키다, 적응시키다
□□ 0445	commodity	ⓝ 상품, 일용품
	= goods	ⓝ 상품, 제품
□□ 0446	mold	ⓝ 주형, 틀 ⓥ 만들다, 형성하다, 주조하다

gen	출생, 태생(birth), 종류(kind)
□□0447 gene	ⓝ 유전자, 유전 인자
□□0448 genius	ⓝ 천재, 비범한 재능
□□0449 oxygen	ⓝ 산소
□□0450 genuine	ⓐ 진짜의, 진품의, 진심의
⊜ authentic	ⓐ 진정한, 진짜의

DAY 16

gen 출생, 태생(birth), 종류(kind)

□□ 0451 genre ⓝ (예술 작품의) 장르, 종류, 형식

□□ 0452 generate ⓥ 낳다, 생성하다, 발생시키다

□□ 0453 generous ⓐ 관대한, 너그러운
↔ mean ⓐ 인색한

□□ 0454 pregnant ⓐ 임신한, 가득 찬

sens 느끼다(feel)

□□ 0455 sensible ⓐ 분별 있는, 느끼고 있는, 합리적인

□□ 0456 sensation ⓝ 감각, 느낌, 선풍적 인기

□□ 0457 nonsense ⓝ 터무니없는 생각, 당찮음, 허튼소리
= rubbish ⓝ 쓰레기, 헛소리

□□ 0458 sentence ⓝ 문장, 판결, 선고
ⓥ 선고하다, 판결을 내리다

□□ 0459 resent ⓥ 분개하다, 원망하다, 괘씸하게 생각하다

□□ 0460 sentiment ⓝ 감정, 정서, (지나친) 감상

0461 **consent** ⓥ 동의하다, 승인하다
ⓝ 동의, 허가, (의견의) 일치
⊜ agree ⓥ 동의하다
approve ⓥ 승인하다

0462 **scent** ⓝ 향기, 냄새 ⓥ 냄새 맡다

act 행하다(do)

0463 **actual** ⓐ 실제의, 현행의

0464 **exact** ⓐ 정확한, 정밀한
⊜ accurate, correct, precise

0465 **active** ⓐ 활동적인, 적극적인

0466 **react** ⓥ 반작용하다, 반응하다

0467 **enact** ⓥ (법을) 제정하다, 수행하다, 상연하다
⊜ legislate ⓥ 법률을 제정하다

0468 **agent** ⓝ 대리인, 중개인, 행위자

0469 **ambiguous** ⓐ 모호한, 애매한, 분명하지 않은
⊜ vague ⓐ 어렴풋한, 애매한

tend	늘리다, 뻗다(stretch)

□□ 0470	tend	ⓥ (~하는) 경향이 있다, 돌보다, 시중들다
□□ 0471	attend	ⓥ (~에) 참석하다, 다니다, 주의[주목]하다
□□ 0472	extend	ⓥ 늘리다, 연장[확장]하다, 뻗다
□□ 0473	intend	ⓥ 의도하다, 작정하다, (~하려고) 생각하다
□□ 0474	pretend	ⓥ 가장하다, ~인 척하다
□□ 0475	tender	ⓐ 부드러운, 상냥한 ⓝ 돌보는 사람
□□ 0476	intense	ⓐ 강렬한, 극심한, 치열한

sign	표시(mark)

□□ 0477	sign	ⓝ 기호, 표시, 표지(판), 징후 ⓥ 서명하다
□□ 0478	significant	ⓐ 의미 있는, 중요한, 상당한
□□ 0479	signal	ⓝ 신호, 몸짓, 징후 ⓥ 신호를 보내다, 표시하다
□□ 0480	assign ⊜ allot	ⓥ 배정하다, 임명하다, 할당하다 ⓥ 할당하다, 분배하다

DAY 17

sign	표시(mark)

□□0481 **designate** ⓥ 명시하다, 지정하다, 지명하다

□□0482 **resign** ⓥ 사임하다, 물러나다, 퇴직하다
= retire ⓥ 물러나다, 퇴직하다

□□0483 **seal** ⓝ 보증해 주는 표시, 도장, 봉인
ⓥ 봉인[밀봉]하다

medi	중간, 가운데(middle)

□□0484 **medium** ⓝ 중간, 매체, 수단 (*pl.* media)
ⓐ 중간의

□□0485 **immediate** ⓐ 즉각적인, 즉시의, 인접한, 당면한
= instant ⓐ 즉시의

□□0486 **mediate** ⓥ 조정하다, 중재하다 ⓐ 중개의, 조정의

□□0487 **intermediate** ⓐ 중간의, 중급의 ⓝ 중급자, 중개자

□□0488 **medieval** ⓐ 중세의, 구식의

□□0489 **mean** ⓥ 의미하다, 의도하다 ⓐ 비열한, 인색한

□□0490 **meanwhile** ⓐⓓ 그 사이, 그동안에, 한편
= meantime ⓐⓓ 그동안에, 그럭저럭하는 사이에

plic	접다(fold), 꼬다(twist)

□□ 0491	complicate	ⓥ 복잡하게 하다, 까다롭게 하다
□□ 0492	simplicity	ⓝ 단순(함), 간단
	↔ complexity	ⓝ 복잡(성)
□□ 0493	apply	ⓥ 적용하다, 응용하다, (약 따위를) 바르다
□□ 0494	imply	ⓥ 암시하다, 함축하다, 넌지시 비추다
	= suggest	ⓥ 넌지시 비추다, 암시하다, 제안하다
□□ 0495	employ	ⓥ 고용하다, 사용하다, 소비하다
□□ 0496	exploit	ⓥ 이용하다, 개발하다, 착취하다 ⓝ 위업, 공적
□□ 0497	perplex	ⓥ 당혹하게 하다, 난감하게 하다
	= puzzle, embarrass	

hab	가지다(have), 살다(live), 잡다(hold)

□□ 0498	habit	ⓝ 습관, 버릇, 습성
□□ 0499	habitat	ⓝ 서식지, 거주지
□□ 0500	inhabit	ⓥ 살다, 거주하다, 서식하다
□□ 0501	behave	ⓥ 행동하다, 처신하다, 작용하다

□□ 0502 **exhibit** ⓥ 보이다, 전시하다, 진열하다
ⓝ 전시(품)
⊜ display

□□ 0503 **prohibit** ⓥ 금지하다, 방해하다
⊜ forbid ⓥ 금하다, 허락하지 않다
ban ⓥ 금지하다 ⓝ 금지

□□ 0504 **inhibit** ⓥ 억제하다, 방해하다, 금지하다
⊜ constrain ⓥ 억제하다, 제약하다

rect 바르게 이끌다(guide), 통치하다(rule)

□□ 0505 **direct** ⓐ 직접의, 똑바른, 직행의
ⓥ 향하게 하다, 지도하다, 감독하다

□□ 0506 **regular** ⓐ 규칙적인, 일반적인, 보통의
↔ irregular ⓐ 불규칙한

□□ 0507 **region** ⓝ 지역, 지방, (신체) 부위, 영역

□□ 0508 **regulate** ⓥ 규제하다, 규정하다, 조절하다

□□ 0509 **royal** ⓐ 왕의, 왕실의, 훌륭한

□□ 0510 **rigid** ⓐ 굳은, 완고한, 엄격한
⊜ stubborn ⓐ 완고한, 고집 센

DAY 18

rect	바르게 이끌다(guide), 통치하다(rule)

□□0511 **reign** ⓝ (왕의) 통치 기간, 통치
ⓥ 통치하다, 군림하다

lect	읽다(read), 선택하다(choose), 모으다(gather)

□□0512 **lecture** ⓝ 강의, 강연, 연설 ⓥ 강의하다
= speech ⓝ 연설, 말

□□0513 **collect** ⓥ 모으다, 수집하다

□□0514 **intellectual** ⓐ 지적인, 머리[두뇌]를 쓰는

□□0515 **neglect** ⓥ 소홀히 하다, 무시하다, 게을리하다

□□0516 **elect** ⓥ 선출하다, 선거하다, 결정하다

□□0517 **legend** ⓝ 전설, 전설적인 인물, 전설 문학

□□0518 **elegant** ⓐ 우아한, 품위 있는
= graceful

cede	가다(go)

□□0519 **precede** ⓥ 선행하다, 앞서다, ~보다 중요하다

☐☐ 0520 **procedure** ⓝ 순서, 절차, 과정

☐☐ 0521 **access** ⓝ 접근, 이용 ⓥ 접근하다, 접속하다

☐☐ 0522 **predecessor** ⓝ 전임자, 선행자, 이전 것
⊜ antecedent

☐☐ 0523 **succeed** ⓥ 성공하다, 계승하다

☐☐ 0524 **exceed** ⓥ 넘다, 초과하다, 능가하다

☐☐ 0525 **cease** ⓥ 그만두다, 멈추다

ment
마음(mind), 생각하다(think), 경고하다(warn)

☐☐ 0526 **mental** ⓐ 마음의, 정신적인, 지적인
⊜ spiritual ⓐ 정신의, 영적인

☐☐ 0527 **comment** ⓝ 논평, 언급, 비판 ⓥ 논평하다, 비평하다

☐☐ 0528 **mention** ⓥ 말하다, 언급하다 ⓝ 언급

☐☐ 0529 **monitor** ⓝ 모니터, 감시 장치, 감시 요원 ⓥ 감시하다, 추적 관찰하다

☐☐ 0530 **monument** ⓝ 기념비, 기념 건조물

☐☐ 0531 **summon** ⓥ 소집하다, 소환하다, 호출하다

□□ 0532 remind ⓥ 상기시키다, 생각나게 하다

lig 묶다(bind)

□□ 0533 oblige ⓥ 의무를 지우다, 강요하다, 은혜[호의]를 베풀다

□□ 0534 religion ⓝ 종교, 신앙(심)

□□ 0535 rely ⓥ 의지하다, 신뢰하다
⊜ depend ⓥ 의지하다, 신뢰하다

□□ 0536 ally ⓝ 동맹국, 협력자 ⓥ 동맹하다, 연합하다

□□ 0537 rally ⓝ (대규모) 집회, 재집결 ⓥ 재집결하다, 단결하다

□□ 0538 league ⓝ 연합, 동맹, (스포츠 경기의) 리그

□□ 0539 liable ⓐ 책임을 져야 할, ~할 것 같은

sid 앉다(sit)

□□ 0540 reside ⓥ 살다, 거주하다, 존재하다

DAY 19

sid	앉다(sit)

0541 **president** ⓝ 대통령, 사장, 의장

0542 **subside** ⓥ 가라앉다, 진정되다, 침전되다

0543 **session** ⓝ (특정한 활동을 위한) 시간, 기간, 회기

0544 **assess** ⓥ 평가하다, 재다, 할당하다
= evaluate, estimate

0545 **obsess** ⓥ 사로잡다, 강박감을 갖다

0546 **settle** ⓥ 정착하다, 해결하다, 안정되다

pass	통과하다(go through)

0547 **passenger** ⓝ 승객, 여객, 통행인

0548 **passage** ⓝ 통로, 통과, 경과

0549 **pastime** ⓝ 취미, 기분 전환, 오락
= hobby ⓝ 취미
distraction ⓝ 기분 전환, 주의 산만

0550 **surpass** ⓥ 능가하다, 뛰어넘다
= exceed ⓥ 능가하다, 초과하다

□□ 0551 passport — ⓝ 여권, 통행증

□□ 0552 passerby — ⓝ 통행인, 지나가는 사람 (*pl*. passersby)

□□ 0553 pace — ⓝ 속도, 걸음, 보폭

dict — 말하다(say)

□□ 0554 dictate — ⓥ 받아쓰게 하다, 지시하다, 명령하다 ⓝ 명령

□□ 0555 addiction — ⓝ 중독, 열중, 탐닉

□□ 0556 contradict — ⓥ 부정하다, 반박하다, 모순되다

□□ 0557 dictionary — ⓝ 사전, 용어집

□□ 0558 indicate — ⓥ 나타내다, 가리키다, 시사하다

□□ 0559 dedicate — ⓥ 바치다, 전념하다, 헌신하다
⊜ devote — ⓥ 전념하다, 쏟다

□□ 0560 index — ⓝ 색인, 지수 ⓥ 색인을 달다

pel	몰다(drive), 밀다(push)

□□ 0561	compel	ⓥ 강요하다, 강제하다, ~하게 만들다
□□ 0562	propel	ⓥ 나아가게 하다, 추진하다, 몰아대다
	= drive	ⓥ 몰아대다, 추진하다
□□ 0563	expel	ⓥ 쫓아내다, 추방하다, 배출하다
	= drive out	쫓아내다
□□ 0564	appeal	ⓥ 호소하다, 관심을 끌다 ⓝ 호소, 간청, 매력
□□ 0565	polish	ⓥ (윤이 나도록) 닦다, 세련되게 하다 ⓝ 윤 내기, 광택제, 품위
□□ 0566	pulse	ⓝ 맥박, 진동 ⓥ 맥박치다, 진동하다
□□ 0567	impulse	ⓝ 충동, 자극, 추진(력)

leg	법(law), 위임하다(entrust)

□□ 0568	legal	ⓐ 법률의, 법률에 관한, 합법적인
	↔ illegal	ⓐ 불법의
□□ 0569	privilege	ⓝ 특권, 특전, 특혜 ⓥ 특권을 주다
□□ 0570	legitimate	ⓐ 타당한, 합법적인

DAY 20

leg	법(law), 위임하다(entrust)

0571 **legislation** ⓝ 입법, 법률 제정

0572 **legacy** ⓝ (죽은 사람이 남긴) 유산, 조상의 유물
= inheritance

0573 **colleague** ⓝ 동료, 동업자
= co-worker ⓝ 동료, 협력자

0574 **loyal** ⓐ 충성스러운, 성실한
= faithful

strict	팽팽히 당기다(draw tight), 묶다(bind)

0575 **strict** ⓐ 엄격한, 엄밀한, 정확한

0576 **restrict** ⓥ 제한하다, 한정하다, 금지하다

0577 **district** ⓝ 지구, 지역, 구역

0578 **distress** ⓝ 괴로움, 고통, 고충 ⓥ 괴롭히다

0579 **prestige** ⓝ 명망, 명성, 위신
ⓐ 명망 있는, 위신 있는

0580 **strain** ⓝ 긴장, 부담, 압박
ⓥ 긴장시키다, 혹사하다

□□ 0581 strait | ⓝ 해협, 곤경, 궁핍

just	올바른(right)

□□ 0582 just | ⓐ 공정한, 올바른
ⓐⓓ 정확히, 똑같이, 방금
⊜ impartial | ⓐ 공정한, 편견 없는
↔ unjust | ⓐ 부당한

□□ 0583 justify | ⓥ 정당화하다, 타당함을 보여 주다

□□ 0584 justice | ⓝ 정의, 정당(성), 타당
↔ injustice | ⓝ 불공정

□□ 0585 judge | ⓥ 판단하다, 판결하다, 평가하다
ⓝ 판사, 심사원

□□ 0586 prejudice | ⓝ 선입견, 편견 ⓥ 편견을 갖게 하다

□□ 0587 injure | ⓥ 상처를 입히다, 해치다
⊜ wound, hurt

crea	만들다(make), 자라다(grow)

□□ 0588 create | ⓥ 창조[창작]하다, 만들어 내다, 일으키다

☐☐ 0589 **increase** ⓝ 증가, 인상 ⓥ 늘리다, 증가하다
㊂ multiply ⓥ 늘리다, 증식하다

☐☐ 0590 **decrease** ⓝ 감소, 하락 ⓥ 줄이다, 감소시키다
㊂ reduce ⓥ 줄이다, 축소하다

☐☐ 0591 **recreate** ⓥ 재창조하다, 재현하다, 생기를 복돋우다

☐☐ 0592 **concrete** ⓐ 구체적인, 실재의 ⓝ 구체물, 콘크리트
↔ abstract ⓐ 추상적인

☐☐ 0593 **recruit** ⓥ 모집하다, 채용하다
ⓝ 신병, 신입 사원

mov 움직이다(move)

☐☐ 0594 **move** ⓥ 움직이다, 이동하다 ⓝ 움직임, 동작

☐☐ 0595 **moment** ⓝ 순간, 찰나, 시기

☐☐ 0596 **emotion** ⓝ 감정, 정서

☐☐ 0597 **motive** ⓝ 동기, 동인 ⓐ 움직이게 하는

☐☐ 0598 **motor** ⓝ 모터, 발동기, 자동차
ⓐ 모터가 달린, 자동차의

☐☐ 0599 **mobile** ⓐ 이동하는, 움직이기 쉬운, 이동식의
↔ stationary ⓐ 움직이지 않는, 정지된

clos 닫다(close)

□□0600 close ⓐ 닫은, 폐쇄한, 가까운
ⓥ 닫다, 폐쇄하다

clos	닫다(close)
□□ 0601 closet	ⓝ 벽장, 작은 방 ⓐ 드러나지 않은
□□ 0602 enclose	ⓥ 둘러싸다, 에워싸다, 동봉하다
□□ 0603 disclose	ⓥ 공개하다, 드러내다, 폭로하다
= reveal	ⓥ 드러내다, 누설하다
□□ 0604 include	ⓥ 포함하다, 계산에 넣다
↔ exclude	ⓥ 제외하다, 배제하다
□□ 0605 conclude	ⓥ 결론짓다, 종결하다, (조약을) 체결하다

fin	끝(end), 경계(boundary), 한계(limit)
□□ 0606 final	ⓐ 마지막의, 최종의, 결정적인 ⓝ 결승전, 기말시험
□□ 0607 define	ⓥ 정의하다, 규정하다, 한정하다
□□ 0608 refine	ⓥ 정제하다, 개선하다
□□ 0609 finance	ⓝ 재정, 재원, 자금 ⓥ 자금을 대다
□□ 0610 infinite	ⓐ 무한한, 무수한
↔ finite	ⓐ 유한의, 한정 있는

□□0611 **confine** ⓥ 국한시키다, 한정하다, 가두다
⊜ restrict ⓥ 제한하다, 한정하다

part 부분(part), 나누다(divide)

□□0612 **partial** ⓐ 부분적인, 불공평한, 편파적인
⊜ biased ⓐ 편향된, 편파적인
↔ impartial ⓐ 편견 없는, 공정한

□□0613 **particular** ⓐ 특정한, 특별한 ⓝ 상세, 명세

□□0614 **apart** ⓐⓓ 떨어져, 따로
ⓐ ~와 떨어진, 따로따로인

□□0615 **particle** ⓝ 작은 조각, 입자, 미립자

□□0616 **proportion** ⓝ 부분, 비율, 몫

□□0617 **portion** ⓝ 일부, 부분, 1인분
ⓥ 나누다, 분배하다

der 주다(give)

□□0618 **render** ⓥ (~한 상태로) 만들다, 주다, 제공하다

□□0619 **surrender** ⓥ 넘겨주다, 항복하다 ⓝ 항복, 양도
⊜ submit ⓥ 항복하다, 제출하다

□□0620	add	ⓥ 더하다, 추가하다, 덧붙여 말하다
	↔ subtract	ⓥ 빼다, 감하다
□□0621	rent	ⓝ 집세, 지대, 사용료
		ⓥ 빌리다, 빌려주다, 임대[임차]하다
□□0622	tradition	ⓝ 전통, 전승
□□0623	edit	ⓥ 편집하다, 교정하다

grat 감사(thank), 기쁨(pleasure)

□□0624	grateful	ⓐ 감사하는, 고마워하는, 기분 좋은
	= thankful	ⓐ 감사하는, 고맙게 생각하는
□□0625	gratitude	ⓝ 감사, 사의
	= appreciation	ⓝ 감사, 감상, 이해
□□0626	congratulate	ⓥ 축하하다, 경축하다
□□0627	gratify	ⓥ 기쁘게 하다, 만족[충족]시키다
	= satisfy	ⓥ 만족시키다
□□0628	agree	ⓥ 동의하다, 의견이 일치하다, 조화하다
	↔ disagree	ⓥ 의견이 다르다, 동의하지 않다
□□0629	grace	ⓝ 우아, 품위, 매력 ⓥ 꾸미다, 빛내다
	↔ disgrace	ⓝ 불명예, 치욕

serv   지키다(protect), 섬기다(serve)

□□0630 **observe**   ⓥ 관찰하다, 주시하다, (관습 등을) 지키다

DAY 22

serv 지키다(protect), 섬기다(serve)

0631	preserve	ⓥ 지키다, 보존하다, 저장하다
0632	reserve	ⓥ 남겨두다, 예약하다 ⓝ 비축, 보호 구역
0633	deserve	ⓥ ~을 받을 만하다, ~할 가치[자격]가 있다
0634	conserve	ⓥ 보존하다, 보호하다
0635	dessert	ⓝ 후식, 디저트

struct 세우다(build), 쌓다(pile up)

0636	structure	ⓝ 구조, 구성, 구조물 ⓥ 조직하다, 구조화하다
0637	construct	ⓥ 세우다, 건설하다, 조립하다 ⓝ 건조물, 심상
0638	instruct	ⓥ 지시하다, 가르치다, 정보를 주다
0639	instrument	ⓝ 도구, 기구, 악기 ⓥ 기구를 설치하다
0640	industry	ⓝ 업계, 공업, 산업, 근면
0641	destroy	ⓥ 파괴하다, 없애다, 말살하다

cogn 알다(know)

□□ 0642 **recognize** ⓥ 알아보다, 인지하다, 인정하다
　⊜ acknowledge ⓥ 인정하다

□□ 0643 **ignore** ⓥ 무시하다, 모르는 체하다

□□ 0644 **diagnose** ⓥ 진단하다, 조사 분석하다

□□ 0645 **acknowledge** ⓥ 인정하다, 승인하다

□□ 0646 **noble** ⓐ 고결한, 귀족의, 웅장한 ⓝ 귀족

□□ 0647 **acquaint** ⓥ 숙지시키다, 아는 사이가 되게 하다

sum 취하다(take), 가장 높은(highest)

□□ 0648 **assume** ⓥ 가정[추정]하다, 맡다, 취하다

□□ 0649 **consume** ⓥ 소비하다, 다 써버리다, 먹다, 마시다

□□ 0650 **resume** ⓥ 다시 시작하다, 재개하다, 다시 차지하다

□□ 0651 **summary** ⓝ 요약, 개요 ⓐ 간략한, 약식의

□□ 0652 **presume** ⓥ 추정하다, 상상하다, 간주하다

□□ 0653 **exemplify** ⓥ 예증하다, ~의 좋은 예가 되다

tain	잡다(hold)
□□0654 contain	ⓥ 포함하다, 함유하다, 억누르다
⊜ restrain	ⓥ 억누르다, 참다
□□0655 obtain	ⓥ 얻다, 획득하다, 유행하다
⊜ gain	ⓥ 얻다, 획득하다
acquire	ⓥ 획득하다, 습득하다
□□0656 sustain	ⓥ 떠받치다, 유지하다, 지속시키다
⊜ maintain	ⓥ 유지하다, 지속시키다
□□0657 retain	ⓥ 보유하다, 유지하다, 함유하다
⊜ preserve	ⓥ 유지하다, 보전하다
□□0658 content	ⓝ 목차, 내용(물) ⓐ 만족한 ⓥ 만족시키다
□□0659 tenant	ⓝ 임차인, 세입자 ⓥ 세 들어 살다

ple	채우다(fill)
□□0660 supplement	ⓝ 보충(물), 추가(물) ⓥ 보충하다, 추가하다

DAY 23

ple 채우다(fill)

□□ 0661	implement	ⓝ 도구, 용구 ⓥ 시행하다, ~에 도구를 주다
	⊜ tool	ⓝ 도구, 공구
□□ 0662	complement	ⓝ 보완물, 보충량 ⓥ 보완하다, 보충하다
□□ 0663	supply	ⓝ 공급(량), 보급품 ⓥ 공급하다, 제공하다
	↔ demand	ⓝ 수요 ⓥ 요구하다
□□ 0664	plenty	ⓝ 많음, 풍부, 가득함 ⓐ 충분한, 많은
□□ 0665	compliment	ⓝ 찬사, 칭찬, 경의 ⓥ 칭찬하다, 찬사를 말하다

path 느끼다(feel), 참고 견디다(suffer)

□□ 0666	empathy	ⓝ 공감, 감정 이입
□□ 0667	sympathy	ⓝ 동정(심), 연민, 공감
□□ 0668	patient	ⓝ 환자 ⓐ 참을성 있는, 잘 견디는
	↔ impatient	ⓐ 참을성 없는, 성급한
□□ 0669	passion	ⓝ 열정, 격정, 격노
□□ 0670	passive	ⓐ 수동적인, 소극적인, 활기가 없는

□□ 0671 compassion ⓝ 연민, (깊은) 동정심, 불쌍히 여김

grad	단계(step), 가다(go)

□□ 0672 grade ⓝ 등급, 계급, 학년, 성적
ⓥ 나누다, 분류하다

□□ 0673 graduate ⓥ 졸업하다, 학위를 받다
ⓝ (대학) 졸업자

□□ 0674 gradual ⓐ 점진적인, 완만한
↔ sudden ⓐ 갑작스러운

□□ 0675 upgrade ⓥ 승급시키다, 개선하다, 품질을 높이다
ⓝ 향상, 증가

□□ 0676 degree ⓝ 정도, (각도·온도계 등의) 도, 학위, 등급

□□ 0677 aggressive ⓐ 공격적인, 침략적인, 의욕적인

fa	말하다(say)

□□ 0678 fate ⓝ 운명, 숙명

□□ 0679 infant ⓝ 유아, 갓난아기 ⓐ 유아의, 초기의

□□ 0680 fame ⓝ 명성, 평판 ⓥ 유명하게 하다
= reputation ⓝ 명성, 평판

□□ 0681 fable — ⓝ 우화, 꾸며낸 이야기

□□ 0682 professional — ⓐ 전문적인, 프로의 ⓝ 전문직 종사자

□□ 0683 confess — ⓥ 고백하다, 자백하다, 인정하다

it 가다(go)

□□ 0684 exit — ⓝ 출구, 나감, 퇴장 ⓥ 나가다, 종료하다

↔ entrance — ⓝ 입구, 입장

□□ 0685 initial — ⓐ 처음의, 초기의 ⓝ 머리글자, 첫 글자

□□ 0686 hesitate — ⓥ 망설이다, 주저하다

□□ 0687 ambition — ⓝ 야망, 야심, 포부

□□ 0688 transit — ⓝ 수송, 통과, 환승 ⓥ 통과하다, 횡단하다

□□ 0689 perish — ⓥ 죽다, 소멸하다, 타락하다

min 작은(small), 돌출하다(project)

□□ 0690 diminish — ⓥ 줄이다, 약화시키다, (중요성을) 폄하하다

= decrease — ⓥ 줄이다, 감소하다

min	작은(small), 돌출하다(project)

□□ 0691 **prominent** ⓐ 저명한, 현저한, 두드러진
⊜ noticeable ⓐ 현저한, 눈에 띄는

□□ 0692 **minister** ⓝ 장관, 성직자
ⓥ 성직자로 활동하다, 봉사하다

□□ 0693 **administer** ⓥ 관리하다, (법을) 집행하다, (약을) 투여하다

□□ 0694 **eminent** ⓐ 저명한, 탁월한, 신분이 높은

□□ 0695 **minimum** ⓐ 최소의, 최소한도의
ⓝ 최소한도, 최저(치)
↔ maximum ⓐ 최대의, 최고의 ⓝ 최대한도

voc	부르다, 소리치다(call)

□□ 0696 **vocabulary** ⓝ 어휘, 용어, 어휘 목록

□□ 0697 **advocate** ⓝ 옹호자, 변호사 ⓥ 옹호하다, 지지하다
↔ oppose ⓥ 반대하다, 적대하다

□□ 0698 **vocation** ⓝ 천직, 소명, 직업

□□ 0699 **evoke** ⓥ 떠올려주다, 환기하다, 일으키다

□□0700	provoke	ⓥ (반응을) 유발하다, 도발하다, 화나게 하다
□□0701	invoke	ⓥ 기원하다, 호소하다, 언급하다

sci 알다(know)

□□0702	science	ⓝ 과학, 학문
□□0703	conscious	ⓐ 의식하는, 자각하는, 알고 있는
□□0704	unconscious	ⓐ 의식을 잃은, 무의식적인, 깨닫지 못하는
□□0705	subconscious	ⓐ 잠재의식의 ⓝ 잠재의식
□□0706	conscience	ⓝ 양심, 가책

rat 세다(count), 추론하다(reason)

□□0707	rate	ⓝ 비율, 요금, 속도 ⓥ 평가하다, 등급을 정하다
□□0708	rational	ⓐ 이성적인, 합리적인, 분별이 있는
□□0709	irrational	ⓐ 비이성적인, 터무니없는, 불합리한
	⊜ unreasonable	ⓐ 불합리한, 부당한
□□0710	ratio	ⓝ 비율, 비(比)

□□ 0711 reason — ⓝ 이성, 이유, 근거 ⓥ 추론하다, 사고하다

val 가치(value)

□□ 0712 value — ⓝ 가치, 유용성, 가치관 ⓥ 소중하게 여기다, 평가하다

□□ 0713 evaluate — ⓥ 평가하다, 감정하다
⊜ assess — ⓥ 평가하다

□□ 0714 valid — ⓐ 타당한, 유효한, 합법적인

□□ 0715 available — ⓐ 이용할 수 있는, 쓸모 있는, 만날 수 있는

□□ 0716 prevail — ⓥ 우세하다, 유행하다, 이기다

nat 태어나다(be born)

□□ 0717 nature — ⓝ 자연, 본질, 천성

□□ 0718 nation — ⓝ 국가, 국민, 민족

□□ 0719 native — ⓐ 토착의, 출생의 ⓝ ~ 태생의 사람, 토착민

□□ 0720 innate — ⓐ 타고난, 선천적인, 천부의
↔ acquired — ⓐ 후천적인, 습득한

nat	태어나다(be born)

0721 naive — ⓐ 순진한, (특정 분야에) 경험이 없는

quir	묻다(ask), 구하다(seek)

0722 require — ⓥ 요구하다, 필요로 하다, 명하다

0723 acquire — ⓥ 획득하다, 습득하다, 취득하다

0724 inquire — ⓥ 문의하다, 묻다, 조사하다

0725 request — ⓝ 요청, 요구, 요망 ⓥ 간청하다, 바라다

0726 conquer — ⓥ 정복하다, 이기다, 획득하다

simil	비슷한(like)

0727 similar — ⓐ 비슷한, 유사한 ⓝ 유사물, 닮은 사람

0728 assimilation — ⓝ 흡수, 동화, 융합

0729 simultaneously — ad 동시에, 일제히

0730 simulate — ⓥ ~인 체하다, 가장하다, 모의 실험하다

□□0731 assemble ⓥ 모으다, 조립하다
↔ disassemble ⓥ 해체하다, 분해하다

us	사용하다(use)

□□0732 usage ⓝ 사용, 관습, 용법, 사용량

□□0733 usual ⓐ 흔히 있는, 보통의, 평상시의
↔ unusual ⓐ 흔치 않은, 드문

□□0734 abuse ⓝ 오용, 남용, 학대
ⓥ 오용하다, 남용하다, 학대하다
= misuse ⓝ 남용, 오용, 악용
ⓥ 오용하다, 남용하다

□□0735 utilize ⓥ 활용하다, 이용하다

□□0736 utensil ⓝ 도구, 기구

fort	강한(strong), 힘(strength)

□□0737 fort ⓝ 성채, 요새, 주둔지
= fortress ⓝ (대규모의) 요새, 성채

□□0738 effort ⓝ 노력, 수고
= endeavor ⓝ 노력, 시도

□□ 0739 force — ⓝ 힘, 세력, 군사력
ⓥ 강요하다, 강제하다

□□ 0740 reinforce — ⓥ 강화하다, 보강하다, 증강하다
ⓝ 보강물

□□ 0741 enforce — ⓥ 집행하다, 시행하다, 강요하다

ject 던지다(throw)

□□ 0742 project — ⓝ 계획, 프로젝트 ⓥ 계획하다, 투영하다

□□ 0743 object — ⓝ 물건, 물체, 대상
ⓥ 반대하다, 거절하다

□□ 0744 subject — ⓝ 주제, 국민, 과목, 피실험자
ⓐ ~에 영향받기 쉬운 ⓥ 복종시키다

□□ 0745 reject — ⓥ 거절하다, 거부하다

□□ 0746 inject — ⓥ 주사하다, 주입하다, 삽입하다

tact 접촉하다(touch)

□□ 0747 contact — ⓝ 접촉, 연락 ⓐ 접촉의
ⓥ 접촉시키다, 연락하다

□□ 0748 intact — ⓐ 손상되지 않은, 온전한

☐☐ 0749 **entire** ⓐ 전체의, 전부의, 온전한 ⓝ 전체, 완전

☐☐ 0750 **integrate** ⓥ 통합하다, 흡수하다, 완성하다

tact	접촉하다(touch)

0751 **attain** — ⓥ 달성하다, 도달하다
= accomplish — ⓥ 완수하다, 성취하다

press	누르다(press)

0752 **pressure** — ⓝ 압력, 압박 ⓥ 압력을 가하다, 강제하다

0753 **express** — ⓥ 표현하다 ⓐ 급행의, 명백한

0754 **impress** — ⓥ 깊은 인상[감동]을 주다, 새기다

0755 **compress** — ⓥ 압축하다, 요약하다

0756 **oppress** — ⓥ 억압하다, 탄압하다

magni	큰(big, large)

0757 **magnify** — ⓥ 확대하다, 과장하다
= enlarge — ⓥ 확대하다

0758 **magnitude** — ⓝ 규모, 크기, 중요성

0759 **mayor** — ⓝ 시장(市長)

□□ 0760	maximum	ⓝ 최대(치) ⓐ 최대의
□□ 0761	majestic	ⓐ 장엄한, 위엄 있는

fer	나르다(carry)

□□ 0762	prefer	ⓥ 선호하다, 좋아하다
□□ 0763	refer	ⓥ 언급하다, 가리켜 말하다, 참조하다
□□ 0764	conference	ⓝ 회의, 회담, 협의회
□□ 0765	infer	ⓥ 추론하다, 추측하다, 암시하다
	⊜ deduce	ⓥ 추론하다
□□ 0766	fertile	ⓐ (땅이) 비옥한, (사람·동물이) 다산의
	↔ infertile, barren, sterile	ⓐ 불모의, 메마른

car	마차(carriage)

□□ 0767	carriage	ⓝ 마차, 운반, 수송
□□ 0768	career	ⓝ 직업, 경력, 생애 ⓐ 직업적인
□□ 0769	carpenter	ⓝ 목수

□□ 0770 charge | ⓥ (요금을) 청구하다, 고발하다, 충전하다, 책임을 맡기다
ⓝ 청구 금액, 고발, 충전, 책임

□□ 0771 discharge | ⓥ (짐을) 내리다, 방출하다, 해고하다
ⓝ 방출, 해임

via 길(way)

□□ 0772 via | ⓟ ~을 경유하여, ~을 통해

□□ 0773 obvious | ⓐ 분명한, 명백한

□□ 0774 previous | ⓐ 앞의, 이전의, 사전의

□□ 0775 convey | ⓥ (생각·감정을) 전달하다, (물건·승객을) 실어 나르다

□□ 0776 voyage | ⓝ 여행, 항해 ⓥ 여행하다, 항해하다

duc 이끌다(lead)

□□ 0777 introduce | ⓥ 소개하다, 들여오다, 도입하다

□□ 0778 educate | ⓥ 교육하다, 가르치다

□□ 0779 induce | ⓥ 설득하다, 유도하다, 초래하다

□□ 0780 deduce | ⓥ 추론하다, 연역하다

duc 이끌다(lead)

□□0781 conduct ⓥ (업무 등을) 수행하다, 지휘하다, 안내하다
ⓝ 행동, 수행, 지휘

pet 달려가다(rush)

□□0782 compete ⓥ 경쟁하다, 겨루다

□□0783 competent ⓐ 능력 있는, 유능한, 능숙한

□□0784 appetite ⓝ 식욕, 욕구

□□0785 petition ⓝ 청원(서), 탄원(서)
ⓥ 청원하다, 탄원하다

□□0786 repeat ⓥ 반복하다

scrib 쓰다(write)

□□0787 describe ⓥ 묘사하다, 설명하다, 그리다
⊜ depict, portray ⓥ 묘사하다, 그리다

□□0788 prescribe ⓥ 규정하다, 처방하다

□□0789 subscribe ⓥ (정기) 구독하다, 서명하다, 기부하다

□□0790	script	ⓝ 대본, 원고
□□0791	inscription	ⓝ 비문, 새겨진 글

graph　글(writing), 그림(picture)

□□0792	graphic	ⓐ 그림의, 도표의, 생생한　ⓝ 그림, 도표
	≡ lifelike	ⓐ 생생한
□□0793	photograph	ⓝ 사진　ⓥ 사진을 찍다
□□0794	biography	ⓝ 전기, 일대기
□□0795	autobiography	ⓝ 자서전
□□0796	paragraph	ⓝ 단락, 짧은 글

sequ　따라가다(follow)

□□0797	sequence	ⓝ (일련의) 연속, 잇따라 일어남, 순서
□□0798	consequence	ⓝ 결과, 영향, 중요성
□□0799	subsequent	ⓐ 후속의, 이어지는, 바로 다음의
□□0800	pursue	ⓥ 추구하다, 뒤쫓다, (행)하다
□□0801	execute	ⓥ 실행하다, 처형하다

alter　다른(other, different)

□□ 0802	alter	ⓥ 바꾸다, 바뀌다, 변하다
□□ 0803	alternative	ⓝ 대안　ⓐ 양자택일의, 대안의
□□ 0804	alternate	ⓥ 번갈아 일어나다[하다] ⓐ 번갈아 생기는[하는]
□□ 0805	otherwise	ad 그렇지 않으면, 달리　ⓐ 다른
□□ 0806	alien	ⓐ 외래[외국]의, 외계의, 낯선 ⓝ 외국인, 외계인
	⊜ foreign	ⓐ 외국의
	strange	ⓐ 낯선

cid　떨어지다(fall, drop)

□□ 0807	accidental	ⓐ 우연한, 우발적인
	⊜ unintentional	ⓐ 의도하지 않은
□□ 0808	incident	ⓝ 사고, 사건　ⓐ 일어나기 쉬운
□□ 0809	coincidence	ⓝ 우연의 일치, 동시 발생
□□ 0810	decay	ⓥ 쇠락하다, 썩다, 부패하다 ⓝ 부패, 쇠퇴

DAY 28

cid	떨어지다(fall, drop)

☐☐ 0811 **cascade** ⓝ 작은 폭포 ⓥ 폭포처럼 흐르다

nutr	영양분을 주다(nourish), 돌보다(nurse)

☐☐ 0812 **nutrient** ⓝ 영양분, 영양소

☐☐ 0813 **nutrition** ⓝ 영양, 영양분 섭취

☐☐ 0814 **nurture** ⓥ 양육[교육]하다, 키우다 ⓝ 양육, 교육

☐☐ 0815 **nurse** ⓝ 간호사, 유모 ⓥ 간호하다, 돌보다

☐☐ 0816 **nourish** ⓥ 영양분을 주다, 먹여 기르다, 육성하다

sting	찌르다(prick)

☐☐ 0817 **distinguish** ⓥ 구별하다, 식별하다
⊜ discern, differentiate ⓥ 구별하다

☐☐ 0818 **stimulate** ⓥ 자극하다, 활발하게 하다, 고무하다

☐☐ 0819 **instinct** ⓝ 본능, 직감
⊜ intuition ⓝ 직감

□□ 0820	distinct	ⓐ 뚜렷한, 별개의, 다른
□□ 0821	extinct	ⓐ 멸종된, (불 등이) 꺼진, 활동을 그친

prehend 붙잡다(hold)

□□ 0822	comprehend	ⓥ 이해하다, 파악하다, 포함하다
	⊜ grasp, understand	ⓥ 파악하다, 이해하다
□□ 0823	prey	ⓝ 먹이, 사냥감, 희생(자)
	⊜ game	ⓝ 사냥감
	victim	ⓝ 희생자
	↔ predator	ⓝ 포식자
□□ 0824	enterprise	ⓝ 기업, 모험적 사업, 기획, 계획
□□ 0825	comprise	ⓥ 구성하다, 포함하다
□□ 0826	imprison	ⓥ 투옥하다, 감금하다
	↔ release	ⓥ 석방하다

form 형태, 모양(shape)

□□ 0827	formula	ⓝ 공식, 방식, 제조법

□□ 0828 inform ⓥ 알리다, 통지하다
= advise, notify ⓥ 알리다

□□ 0829 reform ⓥ 개혁하다, 개정하다 ⓝ 개혁, 개정
= reorganize ⓥ 재편성하다, 개혁하다

□□ 0830 informal ⓐ 비공식의, 격식 없는, 평상복의, 구어체의
= casual ⓐ 격식 없는, 평상복의
↔ formal ⓐ 공식의, 격식을 갖춘

□□ 0831 conform ⓥ 순응하다, 따르다

log 이성(reason), 말(word)

□□ 0832 logic ⓝ 논리, 논리학

□□ 0833 analogy ⓝ 비유, 유사(점), 유추
= metaphor ⓝ 비유, 은유
similarity ⓝ 유사점

□□ 0834 apology ⓝ 사과, 사죄, 변명

□□ 0835 ecology ⓝ 생태, 생태학

□□ 0836 ideology ⓝ 이데올로기, 이념, 관념(학)

pend 매달다(hang), 무게를 달다(weigh)

□□ 0837	suspend	ⓥ 매달다, 중단하다, 연기하다, 정직[정학]시키다
□□ 0838	expend	ⓥ 쓰다, 소비하다, 지출하다
□□ 0839	compensate	ⓥ 보상하다, 보완하다, 보충하다, 상쇄하다
	= offset	ⓥ 상쇄하다
□□ 0840	pension	ⓝ 연금

pend — 매달다(hang), 무게를 달다(weigh)

0841 ponder — ⓥ 깊이 생각하다, 숙고하다

port — 운반하다(carry)

0842 portable — ⓐ 휴대용의, 가지고 다닐 수 있는

0843 important — ⓐ 중요한

0844 import — ⓝ 수입, 수입품 ⓥ 수입하다

0845 export — ⓝ 수출, 수출품 ⓥ 수출하다

fund — 기반(foundation, base)

0846 fund — ⓝ 기금, 자금 ⓥ 기금[자금]을 대다

0847 fundamental — ⓐ 기본[기초]의, 근본적인, 중요한

0848 found — ⓥ 설립하다, 기초를 세우다, 근거를 두다

0849 profound — ⓐ 깊은, 심오한
↔ shallow, superficial — ⓐ 얕은, 천박한, 피상적인

ess 존재하다(exist)

□□ 0850 essence — ⓝ 본질, 핵심

□□ 0851 interest — ⓝ 관심, 흥미, 이자, 이해관계
ⓥ 흥미를 끌다

□□ 0852 present — ⓐ 현재의, 있는, 출석한 ⓝ 현재, 선물
ⓥ 주다, 제출하다, 보여주다

□□ 0853 absent — ⓐ 부재중인, 결석한 ⓥ 결석[결근]하다

cide 죽이다(kill), 자르다(cut)

□□ 0854 decide — ⓥ 결정하다, 결심하다
⊜ determine — ⓥ 결정하다, 확정하다

□□ 0855 pesticide — ⓝ 농약, 살충제

□□ 0856 suicide — ⓝ 자살

□□ 0857 precise — ⓐ 정확한, 정밀한
↔ imprecise, inaccurate — ⓐ 부정확한

flu 흐르다(flow)

□□ 0858	fluent	ⓐ 유창한, 능변의
□□ 0859	influence	ⓥ 영향을 미치다 ⓝ 영향(력), 설득력
□□ 0860	fluid	ⓝ 액체, 유동체 ⓐ 유동성의, 불안정한
□□ 0861	influenza	ⓝ 독감, 유행성 감기 (단축형 flu)

volv 말다, 돌다(roll)

□□ 0862	involve	ⓥ 포함하다, 수반하다, 말려들게 하다
□□ 0863	evolve	ⓥ 진화하다, 진화시키다, 서서히 발전하다
□□ 0864	volume	ⓝ 양, 크기, 음량, 책, (책의) 권
□□ 0865	revolution	ⓝ 혁명, 회전, 순환

neg 아닌(not)

□□ 0866	negative	ⓐ 부정적인, 반대하는
□□ 0867	neutral	ⓐ 중립(국)의, 공정한 ⓝ 중립, 중립국
	⊜ impartial	ⓐ 공정한

□□ 0868 **necessary** ⓐ 필요한, 필수적인, 필연적인 ⓝ 필수품

□□ 0869 **deny** ⓥ 부정하다, 부인하다, 거부하다

prob	시험하다(test), 증명하다(prove)

□□ 0870 **probe** ⓝ 무인 우주 탐사선, (철저한) 조사
ⓥ (정밀) 조사하다

prob 시험하다(test), 증명하다(prove)

□□0871 probable — ⓐ 있음직한, 개연성 있는

□□0872 prove — ⓥ 증명하다, 시험하다, ~인 것으로 판명되다

□□0873 approve — ⓥ 찬성[승낙]하다, 승인하다, 입증하다

solv 느슨하게 하다(loosen)

□□0874 solve — ⓥ (문제 등을) 풀다, 해결하다

□□0875 resolve — ⓥ 해결하다, 용해하다, 녹이다, 결심[결정]하다

□□0876 dissolve — ⓥ 녹이다[녹다], 용해하다, 해산하다

□□0877 absolute — ⓐ 절대적인, 완전한, 확고한 ⓝ 절대적인 것

popul 사람들(people)

□□0878 popular — ⓐ 인기 있는, 대중적인, 널리 퍼져 있는

□□0879 populate — ⓥ 거주시키다, ~에 살다, 거주하다

□□ 0880 publish ⓥ 출판하다, 발행하다, 발표하다

□□ 0881 republic ⓝ 공화국

temper 섞다(mix), 완화하다(moderate)

□□ 0882 temper ⓝ 화, 기질, 기분, 침착
ⓥ 완화하다, 가라앉히다

□□ 0883 temperate ⓐ 온화한, 절제하는, 온건한

□□ 0884 temperature ⓝ 온도, 기온, 체온

□□ 0885 temperament ⓝ 기질, 성질

tail 자르다(cut)

□□ 0886 tailor ⓝ 재단사 ⓥ 맞추다, 조정하다

□□ 0887 detail ⓝ 세부 사항 ⓥ 상술하다, 열거하다

□□ 0888 retail ⓝ 소매 ⓐ 소매의 ⓥ 소매하다
↔ wholesale ⓝ 도매 ⓐ 도매의

□□ 0889 entail ⓥ 수반하다, 필요로 하다
= involve ⓥ 수반하다, 필요로 하다
require ⓥ 필요로 하다

sect	자르다(cut)

□□0890 sector — ⓝ 부문, 분야, 구역

□□0891 insect — ⓝ 곤충, 벌레

□□0892 intersection — ⓝ 교차(로), 횡단

□□0893 segment — ⓝ 부분, 조각, 구획 ⓥ 분할하다

viv	생명(life), 살다(live)

□□0894 vivid — ⓐ 생생한, 활발한, (빛·색이) 선명한

□□0895 survive — ⓥ 생존하다, 살아남다, ~보다 더 오래 살다

⊜ outlast, outlive — ⓥ ~보다 더 오래 살다

□□0896 revive — ⓥ 되살리다, 소생하다, 기운 나게 하다

□□0897 vital — ⓐ 필수적인, 매우 중요한, 생명 유지에 필요한

spond	약속하다(promise)

□□0898 respond — ⓥ 반응하다, 응답하다

□□ 0899 **correspond** ⓥ 일치하다, ~에 해당하다, 서신 왕래를 하다

□□ 0900 **responsible** ⓐ 책임이 있는, 원인이 되는, 신뢰할 만한

↔ irresponsible ⓐ 무책임한

spond 약속하다(promise)

□□ 0901 **sponsor** ⓥ 후원하다, 보증하다
ⓝ 후원자, 보증인, 광고주

lev 올리다(raise)

□□ 0902 **relevant** ⓐ 관련 있는, 적절한
↔ irrelevant ⓐ 무관한, 상관없는

□□ 0903 **elevate** ⓥ 높이다, 향상시키다, (들어)올리다

□□ 0904 **alleviate** ⓥ (고통 등을) 줄이다, 완화하다, 경감하다

□□ 0905 **relieve** ⓥ 안도하게 하다, 완화[경감]하다, 구조하다

prim 첫 번째의(first)

□□ 0906 **prime** ⓐ 제1의, 주요한, 최고의
ⓝ 한창때, 전성기
= chief, principal ⓐ 주요한

□□ 0907 **primitive** ⓐ 원시의, 원시적인, 초기의 ⓝ 원시인

□□ 0908 **principle** ⓝ 원리, 원칙, 신조

□□0909 prior ⓐ 사전의, 우선하는, (~보다) 중요한

polit	도시(city), 시민(citizen)

□□0910 politics ⓝ 정치, 정치학, 정치적 견해

□□0911 political ⓐ 정치의, 정치적인

□□0912 policy ⓝ 정책, 방침, 보험 증권[증서]

□□0913 metropolis ⓝ 대도시, 주요 도시, 중심지

spir	숨쉬다(breathe)

□□0914 spirit ⓝ 정신, 영혼, 마음, 활기, 유령

□□0915 inspire ⓥ 영감을 주다, 고무하다, 불어넣다

□□0916 aspire ⓥ 열망하다, 염원하다, 포부를 갖다

⊜ yearn, long, crave ⓥ 열망하다, 갈망하다

□□0917 expire ⓥ 만료되다, 만기가 되다

don	주다(give)

□□0918 donate ⓥ 기부하다, 기증하다, 주다

□□0919 anecdote ⓝ 일화, 기담, 개인적인 진술

□□0920 dose ⓝ (약의) 1회 복용량, 약간, 소량

□□0921 endow ⓥ 주다, 기부하다, (재능 등을) 부여하다

host 손님(guest), 낯선 사람(stranger)

□□0922 host ⓝ 주인, 숙주 ⓥ 주최하다, 진행하다

□□0923 hostile ⓐ 적대적인, 강력히 반대하는
↔ amicable, friendly ⓐ 우호적인

□□0924 hospitality ⓝ 환대, 접대

□□0925 hospitalize ⓥ 입원시키다

fid 믿다(believe, trust)

□□0926 confident ⓐ 확신하는, 자신감 있는

□□0927 federal ⓐ 연방의, 연방 정부의

□□0928 faith ⓝ 믿음, 신뢰, 신앙(심)

□□0929 defy ⓥ 반항하다, 거역하다, 도전하다

band 묶다(tie)

□□ 0930 **bandage** ⓝ 붕대, 안대 ⓥ 붕대를 감다

band	묶다(tie)

□□0931	bond	ⓝ 유대, 결속, 채권 ⓥ 접합하다
□□0932	bundle	ⓝ 묶음, 꾸러미 ⓥ 묶다, (짐을) 꾸리다
□□0933	bind	ⓥ 묶다, 결속시키다, 제본하다

ton	소리(sound)

□□0934	tone	ⓝ 음색, 어조, 색조, 분위기
□□0935	monotonous	ⓐ 단조로운, 지루한
□□0936	intonation	ⓝ 억양, 어조, 음조
□□0937	tune	ⓥ (악기를) 조율하다, (채널 등을) 맞추다 ⓝ 곡, 곡조, 선율

dom	집(house, home), 다스리다(govern)

□□0938	domain	ⓝ 영역, 범위, 분야, 영토
	⊜ territory	ⓝ 영토
	field	ⓝ 분야
□□0939	domestic	ⓐ 집안의, 국내의, 길들여진

□□ 0940 dominate ⓥ 지배하다, 우세하다

□□ 0941 predominant ⓐ 두드러진, 우월한, 뛰어난

ped 발(foot)

□□ 0942 pedal ⓝ 페달, 발판 ⓥ 페달을 밟다

□□ 0943 pedestrian ⓝ 보행자 ⓐ 보행자(용)의, 보행[도보]의

□□ 0944 expedition ⓝ 탐험(대), 원정(대), 여행

□□ 0945 impede ⓥ 방해하다, 지연시키다

soci 친구(friend), 동료(companion)

□□ 0946 social ⓐ 사회의, 사회적인, 사교적인
↔ antisocial ⓐ 반사회적인, 사교를 싫어하는

□□ 0947 society ⓝ 사회, 집단, 공동체

□□ 0948 associate ⓥ 연상하다, 관련짓다, 교제하다
ⓝ 동료

sult	뛰어오르다(jump, leap)

□□ 0949	result	ⓝ 결과, 결실 ⓥ 결과로서 생기다, 기인하다
□□ 0950	insult	ⓝ 모욕, 모욕적인 언행 ⓥ 모욕하다
□□ 0951	assault	ⓝ 폭행, 공격, 습격 ⓥ 폭행하다, 공격하다

cause	이유(reason)

□□ 0952	cause	ⓝ 원인, 이유, 대의 ⓥ 유발하다
□□ 0953	excuse	ⓥ 변명하다, 면제하다, 너그러이 봐주다 ⓝ 변명, 핑계
□□ 0954	accuse ⊜ charge	ⓥ 고소하다, 고발하다, 비난하다 ⓥ 고소[고발]하다

cult	경작하다(farm)

□□ 0955	culture	ⓝ 문화, 교양, 재배
□□ 0956	cultivate	ⓥ 경작하다, 재배하다, 기르다
□□ 0957	colony	ⓝ 식민지, 집단 거주지, (동·식물의) 군집

rot

돌다(revolve), 두루마리(roll)

□□ 0958	rotate	ⓥ 회전하다, 순환하다, 교대하다
	⊜ revolve	ⓥ 회전하다
□□ 0959	control	ⓝ 지배, 통제, 제어 ⓥ 통제[지배]하다, 제어하다
□□ 0960	enroll	ⓥ 등록하다, 입학[입회]하다

mun 의무(duty)

0961 community — ⓝ 공동체, 지역 사회

0962 communicate — ⓥ 전달하다, 의사소통을 하다

0963 common — ⓐ 흔한, 일반적인, 공통의 ⓝ 공유지
↔ uncommon — ⓐ 흔치 않은, 비범한

break 깨다(shatter)

0964 break — ⓥ 깨뜨리다, (법 등을) 어기다, 고장 내다
ⓝ 휴식, 갈라진 틈

0965 breakthrough — ⓝ 돌파구, 획기적인 발견[발전]

0966 brick — ⓝ 벽돌, 든든한 친구 ⓥ 벽돌로 짓다

limit 경계(boundary)

0967 limit — ⓝ 한계, 경계, 극한
ⓥ 제한하다, 한정하다
= confine, restrict — ⓥ 제한하다

□□ 0968 eliminate ⓥ 제거하다, 없애다, 배제하다

□□ 0969 preliminary ⓐ 예비의, 준비의, 서문의
ⓝ 준비, 예비 행위[단계]

not	표시하다(mark), 알다(know)

□□ 0970 notice ⓝ 주의, 주목, 통지, 게시
ⓥ 알아채다, 주목하다, 통지하다

□□ 0971 notion ⓝ 관념, 개념, 생각, 의견

□□ 0972 notify ⓥ 알리다, 통지하다, 발표하다

loc	장소(place)

□□ 0973 local ⓐ 지방[지역]의, 현지의, 장소의
ⓝ 지역 주민

□□ 0974 locate ⓥ 위치시키다, 두다,
(~의 위치를) 찾아내다

□□ 0975 allocate ⓥ 할당하다, 배분하다

cit	부르다(call)

□□0976	cite	ⓥ 언급하다, 인용하다, (법정에) 소환하다
□□0977	excite	ⓥ 흥분시키다, 자극하다
□□0978	recite	ⓥ 낭독하다, 낭송하다, 암송하다

poss	할 수 있다(be able)

□□0979	possible	ⓐ 가능한, 있을 수 있는
	⊜ likely, feasible	ⓐ 가능한, 있음직한
□□0980	possess	ⓥ 가지다, 소유하다, ~의 마음을 사로잡다
□□0981	potential	ⓐ 잠재적인, 가능한 ⓝ 잠재력, 가능성

van	빈(empty)

□□0982	vanish	ⓥ 사라지다, 없어지다
	⊜ disappear, evaporate, fade	
□□0983	avoid	ⓥ 피하다, 회피하다
□□0984	vain	ⓐ 헛된, 소용없는, 허영심이 강한

per	시도하다(try, attempt)
□□ 0985 experience	ⓝ 경험, 체험 ⓥ 경험하다, 체험하다
□□ 0986 experiment	ⓝ 실험, 시도 ⓥ 실험하다, 시도하다
□□ 0987 expert	ⓝ 전문가, 숙련가 ⓐ 전문가의, 숙련된

cord	마음(mind), 심장(heart)
□□ 0988 accord	ⓥ 일치하다, 조화하다 ⓝ 일치, 조화
□□ 0989 encourage ↔ discourage	ⓥ 격려하다, 고무[장려]하다, 권하다 ⓥ 낙담시키다
□□ 0990 core	ⓝ 핵심, 중심부 ⓐ 핵심적인

DAY 34

meas	재다(meter)

□□0991 **measure** ⓥ 측정하다, 판단[평가]하다
ⓝ 조치, 대책, 기준, 척도

□□0992 **dimension** ⓝ 치수, 크기, 차원

□□0993 **immense** ⓐ 거대한, 엄청난, 헤아릴 수 없는
㊂ huge, enormous, tremendous, vast

fals	잘못된(wrong)

□□0994 **false** ⓐ 잘못된, 틀린, 거짓의, 허위의

□□0995 **fail** ⓥ 실패하다, 낙제하다, 고장 나다

□□0996 **fault** ⓝ 잘못, 과실, 결점

deb	신세 지다(owe)

□□0997 **debt** ⓝ 빚, 채무, 빚진 것, 신세

□□0998 **due** ⓐ ~하기로 되어 있는, ~ 때문인, 지불해야 하는, 만기가 된

□□0999 **duty** ⓝ 의무, 직무, 관세, 세금

patr 아버지(father)

□□ 1000 **patron** ⓝ 후원자, 보호자, 단골손님

□□ 1001 **patriot** ⓝ 애국자

□□ 1002 **pattern** ⓝ 무늬, 양식, 패턴, 모범, 본보기

gard 보다(look), 보호하다(protect)

□□ 1003 **regard** ⓥ ~로 간주하다, 주목하다, 존중하다
ⓝ 존경, 주목

□□ 1004 **guarantee** ⓥ 보장[보증]하다, 약속하다
ⓝ 보증(서), 확약

㊂ warranty ⓝ 보증, 보증서

□□ 1005 **garment** ⓝ 옷, 의복, 의류

manu 손(hand)

□□ 1006 **manuscript** ⓝ 원고, 필사본 ⓐ 원고의, 필사의

□□ 1007 **maintain** ⓥ 지속하다, 유지하다, 지지하다, 주장하다

□□ 1008 **manipulate** ⓥ 조종하다, 조작하다, (솜씨 있게) 처리하다

text 짜다(weave)

□□ 1009 **textile** ⓝ 직물, 옷감

□□ 1010 **context** ⓝ 문맥, 전후 관계, 맥락, 정황

□□ 1011 **texture** ⓝ 감촉, 질감, 결, 짜임새, 직물

norm 규범, 기준(standard)

□□ 1012 **norm** ⓝ 표준, 기준, 규범

□□ 1013 **normal** ⓐ 정상적인, 보통의
↔ abnormal ⓐ 비정상적인

□□ 1014 **enormous** ⓐ 막대한, 거대한, 엄청난
= huge, immense, tremendous

opt 선택하다(choose)

□□ 1015 option ⓝ 선택권, 선택 사항

□□ 1016 adopt ⓥ 채택하다, 채용하다, 입양하다

□□ 1017 opinion ⓝ 의견, 견해, 생각

apt 적합한(fit)

□□ 1018 apt ⓐ ~하는 경향이 있는, 적절한, 소질이 있는

□□ 1019 adapt ⓥ 적응하다, 적응시키다, 조정하다, 개작하다

□□ 1020 attitude ⓝ 태도, 마음가짐, 자세

preci 값(price), 가치(value, worth)

□□ 1021 precious ⓐ 귀중한, 소중한, 값비싼

□□ 1022 appreciate ⓥ 이해하다, 감사하다, 진가를 알다, 감상하다

□□ 1023 praise ⓝ 칭찬, 찬양 ⓥ 칭찬하다, 찬양하다

equ 같은(same)

□□ 1024 equal ⓐ 같은, 평등한, 감당할 수 있는
ⓝ 대등한 사람[것]
ⓥ ~와 같다, 필적하다

↔ unequal ⓐ 불공평한, 같지 않은

□□ 1025 adequate ⓐ 적절한, 충분한, 적합한

↔ inadequate ⓐ 불충분한, 부족한

□□ 1026 equivalent ⓐ 같은, 동등한, ~에 상응하는
ⓝ 등가물, 동등한 것

clin 기울다(lean)

□□ 1027 clinic ⓝ 진료소, 병원, 임상, 임상 강의

□□ 1028 decline ⓥ 감소하다, 쇠퇴하다, 거절하다
ⓝ 감소, 하락, 쇠퇴, 경사

□□ 1029 climate ⓝ 기후, 풍토, (특정 기후의) 지역

lax	느슨하게 하다(loosen)

□□ 1030 relax ⓥ 긴장을 풀다, 휴식을 취하다, 완화하다

□□ 1031 release ⓥ 풀어 주다, 방출하다, 출시하다
ⓝ 해방, 면제, 출시
↔ imprison ⓥ (감옥에) 가두다

□□ 1032 delay ⓝ 지체, 연기, 유예 ⓥ 미루다, 연기하다
= postpone ⓥ 미루다, 연기하다

mand	명령하다(order)

□□ 1033 mandate ⓝ 권한, 명령, 위임
ⓥ 명령하다, 권한을 주다

□□ 1034 command ⓝ 명령, 지휘, (언어) 구사력
ⓥ 명령하다, 지휘하다, (언어를) 구사하다

□□ 1035 recommend ⓥ 추천하다, 권하다, 권고하다

rang 줄(line)

□□ 1036 **range** ⓝ 다양성, 범위, 줄[열]
ⓥ (범위가) 미치다, 배열하다, 정렬시키다

□□ 1037 **arrange** ⓥ 준비하다, 배열하다, 정돈하다

□□ 1038 **rank** ⓝ 계급, 등급, 순위, 열
ⓥ 정렬시키다, 분류하다, (순위를) 차지하다

nov 새로운(new)

□□ 1039 **novel** ⓐ 새로운, 참신한, 기발한 ⓝ 소설

□□ 1040 **innovate** ⓥ 혁신하다, 쇄신하다

□□ 1041 **renew** ⓥ 새롭게 하다, 갱신하다, 재개하다

claim 외치다(shout, cry out)

□□ 1042 **claim** ⓥ 주장하다, 요구하다 ⓝ 주장, 권리

□□ 1043 **proclaim** ⓥ 선언하다, 선포하다

□□ 1044 **exclaim** ⓥ 외치다, 소리치다

ward	지켜보다(watch), 주의하다(heed)
□□ 1045 **reward**	ⓝ 보상, 보답 ⓥ 보상하다, 보답하다
⊜ compensation	ⓝ 보상
compensate	ⓥ 보상하다
□□ 1046 **award**	ⓝ 상, 상금 ⓥ (상 등을) 수여하다, 주다
□□ 1047 **warn**	ⓥ 경고하다, 주의를 주다, 강력히 충고하다

liber	자유로운(free)
□□ 1048 **liberal**	ⓐ 진보주의의, 자유주의의, 후한 ⓝ 자유주의자, 진보주의자
↔ conservative	ⓐ 보수적인 ⓝ 보수주의자
□□ 1049 **liberate**	ⓥ 해방하다, 자유롭게 하다
□□ 1050 **deliver**	ⓥ 배달하다, (연설·강연 등을) 하다, 출산하다

medic 병을 고치다(cure, heal)

□□ 1051 medical ⓐ 의학의, 의료의

□□ 1052 medicine ⓝ 약, 의학, 의술

□□ 1053 remedy ⓥ 고치다, 치료하다, 개선하다
ⓝ 치료, 치료약, 해결책

tribute 할당하다(assign), 나누어주다(give)

□□ 1054 contribute ⓥ 기부하다, 기여하다, 기고하다, 원인이 되다

□□ 1055 distribute ⓥ 나누어주다, 분배하다, 배포[배급]하다

□□ 1056 attribute ⓥ ~의 탓으로 돌리다, ~의 덕분이라 여기다
ⓝ 속성, 자질

cred 믿다(believe)

□□ 1057 credit ⓝ 신뢰, 공로, 신용 거래
ⓥ 신뢰하다, (공로 등을) ~에게 돌리다

□□ 1058 incredible ⓐ 믿을 수 없는, 놀라운
↔ credible ⓐ 신뢰할 수 있는, 확실한

□□ 1059 credential — ⓝ 자격 증명서, 신임장 ⓐ 신임하는

cur — 돌보다(take care of), 관심(care)

□□ 1060 cure — ⓥ 치료하다, 고치다, (병이) 낫다
ⓝ 치료(법), 치료제, 구제책

□□ 1061 accurate — ⓐ 정확한
↔ inaccurate — ⓐ 부정확한, 오류가 있는

□□ 1062 curious — ⓐ 궁금한, 호기심이 많은, 기이한

ordin — 순서(order)

□□ 1063 ordinary — ⓐ 평범한, 보통의 ⓝ 보통의 일
↔ extraordinary, exceptional — ⓐ 비범한, 뛰어난

□□ 1064 coordinate — ⓥ 조정하다, 통합하다

□□ 1065 subordinate — ⓝ 부하, 하급자 ⓐ 아래의, 종속된
ⓥ ~보다 하위에 두다, 경시하다

organ — 기관(organ)

□□ 1066 organ — ⓝ 기관, 장기

□□ 1067 organism | ⓝ 유기체, 생물

□□ 1068 organize | ⓥ 준비[조직]하다, 설립하다, 체계화하다

proper 자기 자신의(one's own, individual)

□□ 1069 proper | ⓐ 적절한, 올바른, 고유의
↔ improper | ⓐ 부적절한, 그릇된

□□ 1070 property | ⓝ 재산, 부동산, 속성, 특성

□□ 1071 appropriate | ⓐ 적당한, 적절한 ⓥ 충당하다, 사사로이 쓰다
= proper | ⓐ 적절한
↔ inappropriate | ⓐ 부적절한

tach 들러붙게 하다(fasten), 고정시키다(fix)

□□ 1072 attach | ⓥ 붙이다, 첨부하다, 부여하다
↔ detach | ⓥ 떼어내다, 분리하다

□□ 1073 attack | ⓥ 공격하다, 비난하다 ⓝ 공격, 비난

□□ 1074 stake | ⓝ 말뚝, (내기 등에) 건 것

fus 섞다(mix), 붓다(pour)

□□ 1075 confuse ⓥ 혼동하다, 혼란시키다, 당황하게 하다

□□ 1076 refuse ⓥ 거절하다, 거부하다

□□ 1077 refund ⓝ 환불 ⓥ 환불하다

trud 밀다(push)

□□ 1078 intrude ⓥ 침입하다, 침해하다, 방해하다, 끼어들다

□□ 1079 threat ⓝ 위협, 협박
⊜ menace

□□ 1080 thrust ⓥ 밀다, 밀어내다, 찌르다
ⓝ 밀기, 추진력

DAY 37

labor	일(work)

□□ 1081 **laboratory** ⓝ 실험실, 연구소 ⓐ 실험실(용)의

□□ 1082 **elaborate** ⓐ 정교한, 공들인
ⓥ 상술하다, 정교하게 만들다

□□ 1083 **collaborate** ⓥ 협력하다, 협동하다, 협업하다

thes	두다(put)

□□ 1084 **thesis** ⓝ 논제, 논문 (*pl*. theses)

□□ 1085 **hypothesis** ⓝ 가설, 가정

□□ 1086 **theme** ⓝ 주제, 논제, 테마

circul	원(circle), 둘레(around)

□□ 1087 **circulate** ⓥ 돌다, 순환하다, 퍼지다, 유통하다

□□ 1088 **circuit** ⓝ 순환, 순회, 회로
ⓥ 한 바퀴 돌다, 순회하다

□□ 1089 **circumstance** ⓝ 상황, 환경

liter	글자(letter)

□□ 1090 literal — ⓐ 글자 그대로의, 문자의

□□ 1091 literature — ⓝ 문학, 문헌, 연구 보고서

□□ 1092 literate — ⓐ 읽고 쓸 줄 아는, 지식이 있는
↔ illiterate — ⓐ 읽거나 쓸 줄 모르는, 문맹의

sphere	구(globe, ball)

□□ 1093 sphere — ⓝ 구, 구체, 범위, 영역, 지구본

□□ 1094 atmosphere — ⓝ 대기, 공기, 분위기

□□ 1095 hemisphere — ⓝ 반구

estim	평가하다(judge, value)

□□ 1096 estimate — ⓥ 추산[추정]하다
ⓝ 추정[치], 추산, 견적

□□ 1097 overestimate — ⓥ 과대평가하다
↔ underestimate — ⓥ 과소평가하다

□□ 1098 esteem — ⓝ 존경, 존중
ⓥ 존경[존중]하다, 간주하다

phas	보여 주다(show)

□□ 1099 phase — ⓝ 단계, 시기, 국면, 상(相)
⊜ stage — ⓝ 단계, 시기

□□ 1100 emphasize — ⓥ 강조하다

□□ 1101 phenomenon — ⓝ 현상 (*pl*. phenomena)

merg	가라앉다(sink)

□□ 1102 merge — ⓥ 합병하다, 융합하다, 합치다

□□ 1103 emerge — ⓥ 나오다, 나타나다, 알려지다

□□ 1104 submerge — ⓥ 잠수하다, 가라앉다, 물속에 넣다

sert	결합하다(combine)

□□ 1105 desert — ⓝ 사막 ⓥ 버리다, (버리고) 떠나다

□□ 1106 insert — ⓥ 삽입하다, 끼워 넣다

□□ 1107 exert — ⓥ (힘 등을) 발휘하다, 행사하다, 노력하다

gra 붙잡다(seize)

□□1108 **grab**
ⓥ 움켜쥐다, 붙잡다, 가로채다
ⓝ 움켜쥐기

□□1109 **grasp**
ⓥ 꽉 잡다, 이해하다
ⓝ 꽉 쥐기, 이해, 파악

□□1110 **grip**
ⓥ 붙잡다, 꽉 잡다, 사로잡다
ⓝ 꽉 잡음, 장악, 통제, 손잡이

herit　상속인(heir)

□□1111 **heritage** ⓝ 상속 재산, 유산

□□1112 **inherit** ⓥ 물려받다, 상속하다

□□1113 **heir** ⓝ 상속인, 후계자
⊜ inheritor, successor

mechan　기계(machine)

□□1114 **mechanic** ⓝ 기계공, 정비사

□□1115 **mechanism** ⓝ 메커니즘, 방법, 기계 장치, 구조

□□1116 **machinery** ⓝ (집합적) 기계(류), 기계 장치

vot　서약하다(vow)

□□1117 **vote** ⓥ 투표하다, 선출하다
ⓝ 표, 투표, 투표수, 투표권

□□1118 **devote** ⓥ 헌신하다, 바치다, 전념하다
⊜ dedicate ⓥ 바치다
commit ⓥ 전념하다

□□ 1119 vow — ⓝ 맹세, 서약 ⓥ 맹세[서약]하다
⊜ oath, pledge — ⓝ 맹세
swear — ⓥ 맹세하다

long — 긴(long), 갈망하다(want)

□□ 1120 belong — ⓥ 소속하다, ~에 속하다

□□ 1121 prolong — ⓥ 연장시키다, 늘이다, 연기하다
⊜ extend, lengthen — ⓥ 연장하다, 늘이다
↔ shorten — ⓥ 단축하다

□□ 1122 linger — ⓥ (오래) 남다[계속되다], 오래 머물다

put — 생각하다(think)

□□ 1123 reputation — ⓝ 평판, 명성

□□ 1124 dispute — ⓝ 분쟁, 논의, 토론
ⓥ 논쟁하다, 반박하다, 다투다

□□ 1125 compute — ⓥ 계산하다, 산출하다, 평가하다

flo 흐르다, 흘러가다(flow)

□□ 1126 flood — ⓝ 홍수, 범람, 쇄도
ⓥ 범람하다, 넘쳐 흐르다

□□ 1127 float — ⓥ (물에) 뜨다, 떠다니다, 퍼지다
ⓝ 뜨는 것

□□ 1128 flee — ⓥ 도망치다, 피하다

bar 막대(bar)

□□ 1129 barrier — ⓝ 장벽, 울타리, 장애물
⊜ barricade, block, hurdle, obstacle

□□ 1130 barn — ⓝ 외양간, 헛간

□□ 1131 barrel — ⓝ (가운데가 불룩한 큰) 통, 총신, 배럴

tempor 시간(time)

□□ 1132 temporal — ⓐ 시간의, 일시적인, 현세적인
↔ eternal — ⓐ 영원한

□□ 1133 contemporary ⓐ 현대의, 당대의, 동시대의
ⓝ 동시대 사람

□□ 1134 temporary ⓐ 임시의, 일시적인, 잠깐 동안의
↔ permanent ⓐ 영구적인

sper 희망(hope)

□□ 1135 prosper ⓥ 번성하다, 번영하다, 성공하다
= flourish, thrive ⓥ 번창하다

□□ 1136 desperate ⓐ 절망적인, 자포자기의, 필사적인

□□ 1137 despair ⓝ 절망, 자포자기 ⓥ 절망하다, 단념하다

cast 던지다(throw)

□□ 1138 cast ⓥ 던지다, 주조하다, 배역을 정하다
ⓝ 던지기, 주조, 깁스, 출연진

□□ 1139 broadcast ⓥ 방송하다 ⓝ 방송 ⓐ 방송의

□□ 1140 forecast ⓝ 예측, 예보
ⓥ 예측하다, (날씨를) 예보하다

DAY 39

cri	분리하다(separate)

□□ 1141 **criticize** ⓥ 비평하다, 비판하다

□□ 1142 **discriminate** ⓥ 구별하다, 식별하다, 차별하다

□□ 1143 **discern** ⓥ 분별하다, 식별하다

mir	놀라다(wonder), 감탄하다(marvel)

□□ 1144 **miracle** ⓝ 기적, 경이

□□ 1145 **admire** ⓥ 존경하다, 감탄하다, 경탄하다

□□ 1146 **marvelous** ⓐ 놀라운, 믿기 어려운, 훌륭한

merc	보상하다(reward), 장사하다(trade)

□□ 1147 **mercy** ⓝ 자비, 연민, 고마운 일

□□ 1148 **merchant** ⓝ 상인, 무역상 ⓐ 상인의, 상업의

□□ 1149 **commerce** ⓝ 상업, 무역, 상거래

corp	몸(body)

□□ 1150	corpse	ⓝ 시체, 송장
□□ 1151	incorporate	ⓥ 포함하다, 통합하다, 법인으로 만들다
□□ 1152	corporate	ⓐ 기업[회사]의, 법인의

gest	나르다(carry)

□□ 1153	gesture	ⓝ 몸짓, 손짓, 태도 ⓥ 몸짓[손짓]을 하다
□□ 1154	digest	ⓥ 소화하다, 이해하다, 견디다, 요약하다 ⓝ 요약(판)
□□ 1155	exaggerate = overstate	ⓥ 과장하다

fend	치다(strike), 때리다(hit)

□□ 1156	defend ↔ attack	ⓥ 수비하다, 방어하다, 변호하다 ⓥ 공격하다
□□ 1157	offend	ⓥ 기분 상하게 하다, 위반하다
□□ 1158	fence	ⓝ 울타리, 담 ⓥ 울타리를 두르다

sacr	신성한(sacred, holy)
□□1159 sacred	ⓐ 성스러운, 종교적인, 신성한
□□1160 sacrifice	ⓝ 희생, 제물 ⓥ 희생하다, 제물로 바치다
□□1161 saint	ⓝ 성자, 성인

front	앞(front, forehead)
□□1162 frontal ↔ back, rear	ⓐ 정면의, 앞면의, 이마의 ⓐ 뒤쪽의
□□1163 confront	ⓥ 직면하다, 마주하다, 맞서다
□□1164 frontier	ⓝ 국경 (지방), 변경, 새로운 영역 ⓐ 국경의, 변경의

rupt	깨다(break)
□□1165 erupt	ⓥ 폭발하다, 분출하다
□□1166 interrupt	ⓥ 가로막다, 방해하다, 중단시키다
□□1167 disrupt	ⓥ 방해하다, 지장을 주다, 분열시키다

mut	바꾸다(change)

□□1168	mutual	ⓐ 서로의, 상호의, 공동의
□□1169	commute	ⓥ 통근[통학]하다, 전환하다 ⓝ 통근[통학]
□□1170	mutation	ⓝ 돌연변이, 변종, 변화

DAY 40

fare 가다(go)

□□ 1171 **fare** ⓝ 요금, 운임, 승객, 음식 ⓥ 여행하다, 지내다, 살아 가다

□□ 1172 **welfare** ⓝ 행복, 안녕, 복지

□□ 1173 **farewell** ⓝ 작별 (인사) ⓐ 작별의, 고별의

terr 땅(earth)

□□ 1174 **territory** ⓝ 영토, 영역, 지역, 구역

□□ 1175 **terrestrial** ⓐ 육지에 사는, 육지의, 지구상의 ⓝ 지구의 생물, 인간

□□ 1176 **terrace** ⓝ 테라스, 계단식 관람석, 계단식 논[밭]

line 선(line)

□□ 1177 **linear** ⓐ 선형의, 직선의

□□ 1178 **guideline** ⓝ 지침, 가이드라인, 윤곽선

□□ 1179 **outline** ⓝ 개요, 윤곽, 요점 ⓥ 개요를 말하다, 윤곽을 그리다

grav	무거운(heavy)

□□ 1180 grave — ⓐ 심각한, 중대한, 진지한 ⓝ 무덤, 죽음
- ⊜ serious — ⓐ 심각한, 진지한
- tomb — ⓝ 무덤

□□ 1181 aggravate — ⓥ 악화시키다, 짜증 나게 하다
- ⊜ worsen, exacerbate — ⓥ 악화시키다

□□ 1182 grief — ⓝ 비탄, 슬픔

sol	혼자(alone)

□□ 1183 sole — ⓐ 유일한, 혼자의, 단독의

□□ 1184 solitary — ⓐ 홀로 지내는, 고독한, 외딴

□□ 1185 solitude — ⓝ 고독, 외로움, 한적함

mort	죽음(death)

□□ 1186 mortal — ⓐ 치명적인, (언젠가 반드시) 죽는 ⓝ 인간
- ↔ immortal — ⓐ 불사의, 불멸의 ⓝ 신

□□ 1187 mortgage ⓝ 저당, (담보) 대출, 융자금
ⓥ 저당 잡히다

□□ 1188 murder ⓝ 살인 ⓥ 살인하다

alt	높은(high), 자라다(grow)

□□ 1189 altitude ⓝ 고도, 높이, 고지

□□ 1190 adolescent ⓝ 청소년
ⓐ 청소년기의, 사춘기의, 미숙한

□□ 1191 abolish ⓥ 폐지하다

vad	가다(go)

□□ 1192 invade ⓥ 침입하다, 침략하다, 쇄도하다

□□ 1193 pervade ⓥ 스며들다, 널리 퍼지다, 보급하다

□□ 1194 evade ⓥ 회피하다, 피하다, 면하다

frag	부수다(break)

□□1195	fragile	ⓐ 부서지기 쉬운, 연약한, 섬세한
	⊜ frail, delicate, feeble	ⓐ 연약한, 약한
□□1196	fragment	ⓝ 파편, 조각, 단편 ⓥ 산산이 부수다[부서지다]
□□1197	fraction	ⓝ 부분, 일부, 〈수학〉 분수

humili	땅(earth)

□□1198	humility	ⓝ 겸손, 겸양
	⊜ modesty	
□□1199	humiliate	ⓥ 굴욕감을 주다, 창피를 주다
□□1200	humble	ⓐ 겸손한, 미천한, 초라한 ⓥ 겸손하게 하다, 낮추다
	↔ arrogant, haughty	ⓐ 거만한